中国式
农村剩余劳动力
回流型转移的理论与实践
——基于对农民工返乡创业现象的实证研究

李新平／著

四川大学出版社

项目策划：李天燕　蒋姗姗
责任编辑：蒋姗姗
责任校对：许　奕
封面设计：墨创文化
责任印制：王　炜

图书在版编目（CIP）数据

中国式农村剩余劳动力回流型转移的理论与实践：
基于对农民工返乡创业现象的实证研究 / 李新平著．—
成都：四川大学出版社，2019.9
　　ISBN 978-7-5690-3078-5

　　Ⅰ．①中…　Ⅱ．①李…　Ⅲ．①民工－创业－研究－中
国　Ⅳ．① F249.214 ② D669.2

中国版本图书馆 CIP 数据核字（2019）第 202740 号

书　名	中国式农村剩余劳动力回流型转移的理论与实践 ——基于对农民工返乡创业现象的实证研究
著　者	李新平
出　版	四川大学出版社
地　址	成都市一环路南一段 24 号（610065）
发　行	四川大学出版社
书　号	ISBN 978-7-5690-3078-5
印前制作	四川胜翔数码印务设计有限公司
印　刷	四川盛图彩色印刷有限公司
成品尺寸	170mm×240mm
印　张	9
字　数	171 千字
版　次	2019 年 11 月第 1 版
印　次	2019 年 11 月第 1 次印刷
定　价	46.00 元

◆ 读者邮购本书，请与本社发行科联系。
　　电话：(028)85408408/(028)85401670/
　　(028)86408023　邮政编码：610065
◆ 本社图书如有印装质量问题，请寄回出版社调换。
◆ 网址：http://press.scu.edu.cn

四川大学出版社
微信公众号

目　录

第一章　绪　论

第一节　研究背景：问题的提出

弹指一挥间，中国人口红利顶峰时期正在过去，刘易斯转折点以令人始料未及的速度迎面而来。民工荒现象从沿海城市蔓延到内地城市，从金融危机持续到经济复苏，说明农民工的供求关系正在发生着质的转变。与此同时，中国城市化进入了一个新的高潮，城市不断扩大规模，但是农民工却很难实现与城市的真正融合，可以获得城市户口的农民工依然是少数。这就造成了城市的规模化和农民工的半城市化同时出现。农民究竟应不应该进入城市，或者说农民应该如何进入城市，成为一个必须解决的难题。农民工转移和中国城市化过程就这样联系在一起，从此休戚相关。实践证明，单纯以转移为目标的农民工政策供给和单纯以城市化为目标的城市规模化政策供给都是主观且效率低下的。如何将城市化和农民工转移有机结合，给出体制政策是当前我们必须破解的难题。然纵观学界之研究，不难发现，分别研究两者的成果较多，但是将两者结合到一起研究的却很少。

众多学者试图从经典劳动力人口理论得出结论，从刘易斯到舒尔茨再到当今的人口学的各位巨匠，他们得出的结论，在中国这片土地上却难以生根发芽。中国走城镇化还是城市化道路的争论也是扑朔迷离。有鉴于此，本研究力图通过实证分析，构筑一个适合中国特色的农民工转移和城市化有机结合的理论，以此提出一个能系统解决中国农民工转移和城市化问题的政策建议。

第二节　研究方法和创新点

本研究主要通过对四川、重庆、甘肃等地返乡农民工的抽样调查，建立样本数据库。依赖该数据库分析返乡农民工的流动趋势、流动特征和流动情况。

结合当前剩余劳动力的总体流动趋势和中国特色政治、经济制度背景对返乡创业型农民工流动做多学科交叉透视研究(为方便研究,课题组将劳动力向城市方向转移称为劳动力流出型转移,将劳动力返乡转移称为劳动力回流型转移),并结合发展经济学、劳动经济学和人口学的相关理论,利用系统工程研究方法,以耗散结构理论为基础,构建出有别于当前各相关理论的"中国式农村剩余劳动力回流型转移"理论。

本项研究创新有以下几点:

(1)将农村剩余劳动力转移的过程作为一个系统进行研究,以系统视角统摄整个转移过程和环节。

(2)将农民工转移和城市化过程紧密联系在一起,追寻二者有机结合的中国式道路。

(3)不仅从农民工转移动因和转移对农民工生活的影响来分析农民工转移,更重要的是从相反的视角,即转移本身对农民工人力资本、社会资本、金融资本的影响来研究农民工转移。

(4)从产业转移和人口红利再分配相结合的视角研究农民工回流。

第二章 概　述

第一节　中国农村剩余劳动力转移总体概况

研究表明，从总体数量上看，在农村现有的生产力水平和生产规模条件下，中国农村只能为 1.5 亿劳动力提供就业机会。我国现有 4.98 亿农村劳动力，其中近 3.5 亿属于剩余劳动力，除了已经进入城镇企业、非农产业和大中城市打工的 2.3 亿人外，还有 1.2 亿劳动力处于绝对失业状态，仍滞留在农村。

这就意味着在"十一五"期间，中国至少有 1/3 的农村剩余劳动力处于失业状态。从地区分布上看，由于中国经济发展极不平衡，农村剩余劳动力的存在虽带有普遍性，但各地区的数量分布却不均衡。东部沿海地区由于第三产业和城镇企业发展比较迅速，农村剩余劳动力比例较低，而在经济发展较为落后的中西部地区，农村劳动力的剩余率较高，有些地区竟高达 40%。

一、中国农村剩余劳动力转移在结构上有以下几点特征

（一）中西部地区是农村劳动力的主要输出地

2009 年，外出农村劳动力占全部农村劳动力比重按序排列：福建 47.0%、江西 42.5%、安徽 35.6%、重庆 32.2%、河南 31.8%、四川 31.2%、湖北 30.1%。全部外出劳动力中，各省所占的比重依次是：河南 13.3%、四川 11.2%、安徽 9.8%、江西 8.6%、江苏 6.9%、湖南 6.7%、湖北 6.6%、山东 6.1%、重庆 4.6%。以上 9 省市预计占全部外出劳动力的 73.8%（见图 2-1）。

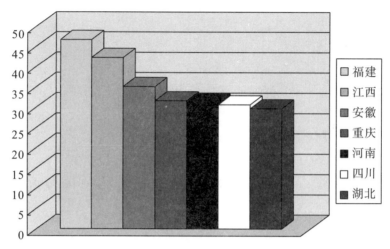

图 2—1　劳动力主要输出地外出农村劳动力占总农村劳动力比重

（二）省内城市和沿海经济发达地区是农村劳动力的主要流入地

我国东部沿海城市和内陆的大中型城市相对工资收入比较高，因而大量的农村剩余劳动力涌入这些城市。劳动和社会保障部《2017 中国人口与劳动问题报告》调查显示，2016 年农村外出务工人员中有 42.3% 的人在自己的省内打工，而其中到省城打工的占 20.7%。此外，分别有 20.9%、11.6% 和 11.9% 的人在珠三角、长三角地区和环渤海地区打工。与 2015 年相比，到环渤海地区打工的人员比重上升了 5.7 个百分点，到长三角地区、闽东南地区打工的人员比重分别下降了 1.8 和 1.1 个百分点（见图 2—2）。

各省（自治区、直辖市）"95后"中基层求职人群劳务输出与外出打工比例

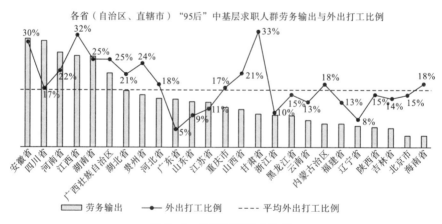

图 2—2　外出打工省内比例

(三) 就业方向主要为劳动密集型产业

由于农村劳动力素质较低，因此外出务工的农民工主要从事劳动密集型行业。2017年进城务工人员所在各行业的比例是：建筑施工业37.3%、电子电器业12.5%、制衣制鞋业12.7%、住宿餐饮业9.8%。这四个行业就占了全部农民工所在行业的一半以上。此外，还有些行业也吸引了大量农村剩余劳动力：服务业6.1%、机械制造业5.8%、食品制造业4.9%、居民服务业4.5%、交通运输业4.3%等。

(四) 外出农村劳动力多是当地素质相对较高的年轻人

2015年，外出农村劳动力中具有初中学历和高中学历的人分别占55.5%和24.6%，比全部农村劳动力中相应比例分别高出16个百分点和4.3个百分点。2017年，在外出劳动力中，初中文化程度和高中文化程度的比例达47.7%和25.8%，分别比全部农村劳动力中相应文化程度的比例高出17.6和1.2个百分点。2015年，外出农村劳动力的平均年龄为30.5岁，其中在乡外县内、县外省内、跨省流动就业的劳动力平均年龄分别为36.8岁、28.6岁、26.1岁。2017年，外出劳动力的平均年龄为28.1岁，比农村劳动力平均年龄低8.8岁，其中在省外就业的劳动力平均年龄为27.7岁，比在省内就业的劳动力的平均年龄低0.4岁（见图2-3）。

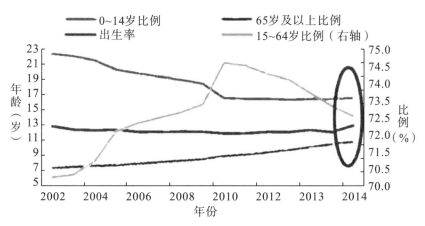

图2-3 外出劳动力年龄统计

二、近年来农民工回流总体概况

进入 21 世纪以来，沿海发达地区劳动密集型产业向中西部地区转移步伐的加快，以及中西部地区发展条件与环境的改善，带来了农民工回乡创业的热潮，中国农村劳动力流动进入了一个双向流动的崭新阶段。2013 年春节之后，有关"民工荒"的报道开始频繁出现。最初，长三角、珠三角这两个加工制造业集聚地区遭遇了一场突如其来的"民工荒"，而后马上蔓延到闽东南和浙东南等主要民工输入地区。2014 年，"民工荒"问题愈演愈烈，像湖南、江西等民工输出大省也出现了本地企业招不够工人的现象。此外，还有许多其他地区也出现了"民工荒"现象。2017 年受到国际金融危机的影响，全球的经济增速放缓，直接影响到我国对外出口实体企业的就业，东部沿海地区一部分劳动密集型企业经营困难甚至倒闭，大量在沿海发达地区的农民工直接受下岗失业、收入锐减、工资拖欠等打击，不少在城市无法生存的农民工无奈地选择了返乡，于是又出现了规模宏大的农村劳动力回流现象。国新办于 2009 年 2 月 2 日举行新闻座谈会，中央农村工作领导小组办公室主任表示，当时全国大约有 2009 万农民工失去工作，或者还没有找到工作就返乡了。但是在当人们还在探讨返乡农民工就业问题的时候，东部甚至四川、重庆等劳务输出大省，民工荒的呼声又再次响起。

（一）农村外出劳动力回流的一般特征

1. 主动回流较少，被动回流多

在我国，农村外出劳动力回流的原因很大程度上是农民工在城市用工部门难以找到工作，或难以找到稳定的工作机会而被城市抛弃，以及由于家庭因素而被动返回农村，这部分回流属于被动回流。由于农村就业机会相比城市更稀少，就业环境和投资环境相对较差，因此我国农村外出劳动力主动回流比例较小，而在主动回流的农村外出劳动力中，目前主要以"回乡创业"的形式集中体现，即回流农村劳动力利用在城市务工期间所积累的资金、技术、经验和信息等生产要素，在农村开辟市场，组织生产，进行创业，逐步成长为农民企业家。

2. 暂时型回流比例大，长期永久型回流比例小

我国农村外出劳动力回流中暂时型回流比例较大，大多只是暂时的回流行为，持续时间较短，农村劳动力流动现在基本表现为"外流"和"回流"交替出现的"回旋式"循环流动的特征。在我国，城市化和工业化的快速发展是主

流，这必然要求大量农村劳动力转化为城市产业工人，即农村劳动力"外流"是主流，而回流只是伴随着外流过程中的一种暂时性现象。从农村劳动力自身意愿来看，大多数农村劳动力进城定居意愿十分强烈，他们渴望成为"城里人"，摆脱世世代代面朝黄土背朝天的命运。

3. 个体回流比例大，家庭回流比例小

个体回流指的是农村外出劳动力的回流行为呈现个体导向的特征，这些个体与其他回流者之间不存在明显的亲缘或血缘关系，回流规模很小。家庭回流则恰好与之相反，各个回流者之间存在显著的亲缘或血缘关系，回流的规模比个体的回流规模更大。从数量上看，这两种回流类型与回流农村外出劳动力群体都呈正相关关系，即个体回流者和家庭回流者越多，回流农村外出劳动力的群体数量也越大，反之亦然。尽管两种回流类型同时存在，但农村外出劳动力回流的特征表现在规模与关系上，居于主导地位的仍是个体回流。

4. 回流方向以第一产业为主

外出者由于年龄较轻，文化程度较高，无论是自愿还是被迫回流，都经历了市场经济的洗礼和考验，或多或少都有过创业梦想。然而，回到家乡后受各种因素限制，能将创业梦想转化为现实的并不太多，多数年龄较大的回流劳动力返回农村后都回到原有的生产方式之中。其中，回到传统农业生产中的人数居第一位，但有逐年降低的趋势，越来越多的回流者就业于农林牧副渔的综合开发和农业产业化体系。

（二）农村外出劳动力回流的人口学特征

虽然中国各地区经济发展水平存在较大差异，农村外出劳动力回流的影响因素和规模不完全一致，但从人口学的角度观察，其中也存在一些共性特征。

1. 回流农村外出劳动力的年龄分布

章铮（2015）从理论上估算出，回流目前应主要出现在 30 多岁，即将步入中年，不可以再适应城市用工部门青年型用工的农村外出劳动力身上。课题组调研取点的 10 多个村，300 多户有外出务工的农民家庭，对 66 位回流农村外出劳动力的调查结果表明，29 岁～50 岁回流的农村外出劳动力人数最多，有 44 人。可见，回流农村外出劳动力的年龄大多在 30 岁～40 岁，正处在思想比较成熟、心态稳定、技术比较熟练、富有创造力的年龄阶段。这部分人的回流，对农村地区而言，带来的是丰富的人力资本，在一定程度上可以成为农村经济发展的重要贡献力量。

2. 回流农村外出劳动力的性别分布

中国统计局一项全国性调查显示：男性农民工在城市发展、定居及赚钱和学到技术后回家乡生活的分别占了 50.04% 和 32.81%，女性农民工却分别占 64.48% 和 20.76%。这表明如果条件允许，女性农民工更倾向于在城市发展、定居，而男性农民工更倾向于回流到农村地区。

3. 回流农村外出劳动力的婚姻状况

婚姻状况对农村劳动力是否发生回流或回流意愿有明显影响。2013 年配偶外出劳动力的回流率为 14.8%，户主外出劳动力的回流率为 11.2%；子女外出劳动力的回流率为 6%。2015 年，中南财经大学学生商艳冬对湖北省孝感市云梦县隔蒲潭镇和湖北省随州市增都区双河镇 150 个农户的入户调查结果显示，回流者中，84% 属于已婚者。另据胡玉萍（2016）对北京市流动人口的调查发现：与单身未婚者相比，单人已婚者、夫妇二人、夫妇携子女、夫妇携父母和子女的家庭，打算长期居住北京的比例降低了 70%、69%、61% 和 79%，这说明已婚者回流意愿更加明显和强烈，属于回流的主体。

4. 回流农村外出劳动力的受教育情况

外出农民工的文化程度不断提高，高中及以上文化程度比重增加，低年龄组中高学历比例要明显高于高年龄组。但是没有参加过任何技术培训的农民工仍然占多数，低教育程度的农民工接受培训的机会也较少。在外出农民工中，文盲占 1.1%，小学文化程度占 10.6%，初中文化程度占 64.8%，高中文化程度占 13.1%，中专及以上文化程度占 10.4%。高中及以上文化程度比重比 2012 年提高了 1.7 个百分点，占 23.5%。分年龄组看，低年龄组中高学历比例要明显高于高年龄组，30 岁以下各年龄组中，接受过高中及以上教育的比例均在 26% 以上，其中，21 岁~25 岁年龄组中接受过高中及以上教育的比例达到 31.1%。

由于受国际金融危机的影响，2017 年末从东南沿海返乡农民工中，文化程度为不识字或识字很少、小学、初中、高中、中专、大专及以上的返乡农民工分别占 2.4%、14.8%、65.8%、11%、4% 和 2%，其中学历为初中及以下的农民工占到 82.9%，而中专及以上的农村劳动力返乡比率仅为 6%。这说明文化程度越低的农民工越容易回流。加强培训有利于提高农民工就业的稳定性，受到培训的农村劳动力与没有受到培训的农村劳动力相比，知识、技术相对较高，在企业面临经营困难而裁员时，被裁掉的可能性相对较低。同时，即便返乡后受教育程度较高的农村劳动力也会相对更容易重新就业，重新返回城市就业的可能性也相对较高。

第二节 中国农村剩余劳动力的转移现状

农村剩余劳动力的转移是各国经济发展进程中共有的现象。改革开放以来，农村劳动力转移成为研究"三农"问题必须要面对的重点问题，同时，也是管理"三农"问题的有效途径。有效管理农村剩余劳动力的转移就业是促进农民增收的重要环节，也是提高农民就业机会、实现全面建设小康社会的有力保障。这样不仅有利于我国经济实现飞跃式发展，而且对于落后区域经济发展繁荣稳定、社会休养生息具有重要的现实意义。

一、中国农村剩余劳动力转移现状

（一）农村劳动力资源丰富，但文化素质普遍偏低

劳动力的数量主要取决于社会人口的数量，其增长速度和规划直接受社会人口再生产的速度和计划的影响。中国的基本人口数量大多来自农村，新中国成立以后，农村人口数量增加迅速，相比城市人口，农村人口太多，劳动力规划扩张速度极快，因此导致了农村持续性就业压力，这也是导致农村出现大量剩余劳动力的根本原因。并且因为人口继续增长，农村还将继续增加适龄劳动力，必然会产生新的剩余劳动力，使得其数量越积越多，就业局势愈发严峻。近年来，中国在中高级教育上的投资越来越多，义务教育也已经基本普及。但是目前大多数农村剩余劳动力的文化素质还是很低，仅为小学、初中或高中，好一点的就是大专。文化素质低下使得农村剩余劳动力向非农产业转移缺乏最重要的人力资本，所以劳动力在转移的过程中会受到很多阻碍，难以实现剩余劳动力的快速转移，转移的进程也非常缓慢。在科技推动生产力发展的信息年代，对劳动力就业条件要求苛刻，因此剩余劳动力转移局势严峻。

（二）转移模式单一，工作不稳定

农村剩余劳动力转移就业过程中的一个难点就是与输入地之间缺少有用的信息交流。部分地区出现招工难的局面。造成这一局面的首要因素就是劳务信息不准，用工信息在特殊时期内无法及时更新，输出渠道太少，农村劳动力转移找的中介机构没有充分发挥作用，未将用人单位同劳动力联动起来。劳务输

出还处于群众自主、投靠亲友以及邻里援助的状态，政府部门组织转移的比例小。农村剩余劳动力转移的主要方式是"跨地域"流动转移，以离开农业向其他产业转移为主流；其次是"离土不离乡"就地转移和"季节性"转移。流动到城市和经济较发达地区的劳动力主要集中在制造业和服务业等劳动密集型产业。转移就业进程中出现的主要问题有：部分劳动者处在一些高危行业和污染企业，劳动条件差，工作安全卫生环境差，农民工工伤、职业病复发，有的甚至得不到及时救治；部分劳动者法律观念缺乏，职业变化性较大，稳定性差；部分劳动者职业观念滞后，缺乏上进意识和吃苦耐劳精神，不能适应工作环境，达不到岗位要求。这些都是导致就业回流现象再次发生的重要原因。

（三）农村剩余劳动力转移就业待遇偏低，社会保障不够

从 20 世纪末开始，城市和农村，从事农业以及非农业的劳动收入水平逐步拉开距离，农村剩余劳动力开始转移就业，转移后的劳动力因为自身原因大多数从事的是社会底层的服务工作，待遇也不好。同时因为缺乏法律观念，自我保护意识不强，有的企业在进行招工的过程中，不按照正规的程序，不签订劳动合同，存在操作上的违规现象。当出现一些突发性问题时推卸责任，严重损害了农村劳动者的合法利益。有的地方，企业老板负债潜逃的案子时有发生，不仅拖欠农民工工资，甚至发生农民工讨薪时受到殴打的不良事件。劳动力在遇到问题后没有办法及时解决，或根本无法解决，劳动力在转移上的积极性便会受到影响。而且，农村剩余劳动力转移以后还存在难以享受转移地的社会保障等问题，使其难以融入城市生活。

二、农民工返乡创业整体概况

2016 年，经国务院发展研究中心组织的"百县农民工回乡创业调查"组对 3 026 名回乡农民工的调查结果显示，回乡创业者的平均年龄为 39 岁，男性占 90.9%，女性只有 9.1%。回乡创业人群受教育程度普遍高于农村地区的平均教育程度。回乡创业者大多从事非农产业，企业形式以个体和民营为主。从产业分布看，农民工回乡后在很多领域创业，如加工业、小型工矿企业、餐饮服务业、运输业、经商、特色种植业和养殖业、农村旅游业等。从整体上看，其分布情况为：第一产业的农业占到 28.3%，第二产业的工业、建筑业占 30.7%，第三产业占 32.1%，其他占 8.9%。虽然创业者大多从事非农产业，但调查发现 98.5% 的创业者所在家庭还有承包土地，他们和农业之间的联系仍然存在。

　　根据调查，农民工回乡创业最主要的经营方式是个体经营，所占比例达68%；其次为民营企业，所占比例为 20.2%，股份制为 6.5%；其他有 5.3% 承包、租赁经营，主要属于商品农业开发。

　　从企业规模看，以中小企业（包括微型企业）为主。从分类上可把企业分为三种类型：第一类是就业谋生型企业，有 42.1% 的农民创业主要是解决个人和家庭成员的就业问题。第二类是成长谋利型企业。第三类就是基本能够达到沿海先进企业水平的现代企业。

　　回乡创业的农民工中，年轻人从事非农产业经营的比例超过农业开发经营，中年和老年回乡创业者随着年龄的增长，从事农业的比例上升。这也表明，第一代农民工外出首要是进行资本积累，回乡较多的是利用资本从事农业生产相关的开发。而新生代农民工外出首要是技能和管理经验的积累，回乡以后就能够利用打工所学习到的知识。他们将现代工业生产知识与服务理念进行创新发展，对城市工业和生活方式的适应和使用能力以及对现代工业文化的认同正在逐步增强。

　　调查结果显示，回乡创业者决定在农村创业的占据调查人数的 46%，其他 54% 的创业者则聚集在小城镇。这样就把创业和城镇化结合起来，促进以小城镇为主的城镇化发展，提高了小城镇发展的水平。一是为小城镇发展提供了产业支持，二是完善了小城镇的基础设施与配套产业，三是拉动了小城镇人口和经济的增长。根据对 3 026 名回乡创业农民工的调查，有接近一半决定在城镇或乡镇上居住，在城镇或乡镇上居住的创业者中，有 3/4 是购买或自建住房。有 52.5% 的回乡创业农民工在乡镇投资，其中 10 万元以上的占 42.5%，已经取得城镇户口的占 13.5%，未取得城镇户口而希望取得城镇户口的占32%。回乡农民工向小城镇聚集的意愿明显，必将为小城镇化提供长期的发展推动力。经国务院发展研究中心组织的"百县农民工回乡创业调查"显示，到2009 年年初，全国有 1.2 亿农村劳动力外出务工，有近 500 万农民工回到农村发展现代农业或创办工商企业。根据本课题组对川渝陇三个县级调研点的了解，回乡就业/创业的农民工在农民工总数里比重在 10% 左右。

第三章 文献综述

第一节 国外农村剩余劳动力转移的主要学说

一、刘易斯的二元结构理论及刘易斯转折点

美国经济学家刘易斯（1954）将一国经济分为两个部门：现代城市部门和传统农业部门。刘易斯认为，在允许劳动力自由流动的条件下，只要现代部门劳动力的工资水平高于农业部门，来自农业部门的劳动力供给具有无限性。刘易斯还认为，在二元经济结构中，在剩余劳动力消失之前，社会可以源源不断地供给产业化所需要的劳动力，同时工资还不会上涨。直到有一天，产业化把剩余劳动力都吸纳干净了，这个时候若要继续吸纳劳动力，就必须提高工资水平；否则，农业劳动力就不会进入产业。这个临界点就叫作"刘易斯转折点"。

刘易斯模型的劳动力无限供给、现代部门就业创造率与传统部门劳动力流动率相适应以及现代部门不存在失业等观点，受到一些经济学家的质疑。

二、拉尼斯—费景汉的农业劳动力转移模型

美国经济学家拉尼斯和费景汉（1961、1964）提出了以分析农业剩余劳动力转移为核心、重视技术变化的"拉尼斯—费景汉模型"。该理论阐述的关键问题是如何把隐蔽性失业人口全部转移到产业中去。该理论认为在产业部门扩张的同时，必须努力提高农业劳动生产率，使农业发展与产业发展同步进行，这样才能在劳动力转移的同时，不减少农业剩余产品，从而使工资水平保持不变，促进经济持续发展。

拉尼斯—费景汉模型的意义在于它发展了刘易斯理论：农业不仅为产业提供所需的廉价劳动力，而且为产业提供农业剩余产品；不仅把资本积累看作是

扩大产业生产和经济发展的基础，同时更强调资本积累和技术进步的重大作用。拉尼斯—费景汉模型除了存在与刘易斯理论共有的缺陷外，还有一个严重的缺陷，即农业劳动者的工资不会随着农业生产率的提高而提高，这显然是不符合事实的。

三、托达罗关于农村劳动力向城镇转移的模型

托达罗模型的出发点是：农村劳动力向城市迁移的决策，是根据"预期"收入最大化目标做出的。这种决策决策主要基于两个方面：第一是预期的城乡收入距离；第二是农村劳动力在城市可以找到就业岗位的概率。引进这一概率变量，是托达罗理论的一个重要贡献，从而可以解释农民为什么在城市存在高失业率的情况下还会做出迁移的选择。

托达罗模型具有重要的改革意义：①依靠产业扩张不能解决当今发展中国家严重的失业问题；②全部人为地扩大城乡实际收入差异的行为必须消除；③大力发展农村经济才是解决城市失业和农村剩余劳动力转移问题的基本出路。

托达罗模型的局限性：只关注城市失业，没有认清城市化的意义，更没有看清正是城市人口的聚合效应创造了若干就业机会。托达罗认为不通过流动农村剩余劳动力便可以发展农村，消除城乡收入距离，这纯粹是空想。

四、哈里斯—托达罗模型

哈里斯与托达罗（1970）建立哈里斯—托达罗模型。此模型中得出的一种假设是较高的城市工资会导致较多的城市失业。如果农村收入水平不能提高到必然程度，那么城市部门中充分就业的努力就注定要失败，因此创造额外的就业机会将导致更多的移民流入城市部门。

自托达罗模型和哈里斯—托达罗模型问世以来，由于其对发展中国家城乡人口迁移和城市失业贴近事实的解释，引起了众多研究者的关注，成为研究发展中国家二元经济的重要理论。尤其是该模型所创立的两部门交易模型成为发展经济学家研究二元经济条件下收入分配的普及应用工具。

五、斯塔克关于农村劳动力转移的相对贫困假说

斯塔克等人（1991年）用相对贫困这个概念来解释转移问题。他们假设人们转移不仅受城乡收入距离的影响，还受到农村户与户之间收入相对距离的

影响。那些按照当地基本要求来看，收入水平太低的农户，感受到经济地位降低而产生转移的动机。

六、戴尔·乔根森（D.Jorgenson）对农村劳动力转移的论述

美国经济学家乔根森的论点可以概括为以下三个方面。

其一，农业人口向非农业部门转移的基本原因在于消费结构的变化，是消费需要拉动的结果。

其二，农业人口向产业部门转移的基础是农业剩余而非边际生产率为零或虽然大于零，但小于实际收入水平的劳动力的存在。

其三，在农业人口向城镇产业部门转移的过程中，工资水平并非固定，而是不断上升的。

七、马克思主义经济学的相关论述

马克思认为资本主义产业的发展导致了人口的"全面流动"，这是由于产业日益集中的趋势使作为生产因素的劳动力也像资本一样集中起来，而资本主义产业发展所产生的现代产业技术又为人口的大规模、频繁流动创造了条件。列宁进一步指出，城乡经济差异是造成城乡人口流动的经济动因。

第二节　国内农村剩余劳动力转移的主要学说

同国外相比，中国对农村剩余劳动力转移问题的研究起步较晚。20世纪50年代末到70年代末，政府长期采用严格限制农业劳动力流动的政策。这一时期，农村剩余劳动力研究几乎无人问津。进入80年代后，随着农村剩余劳动力问题日益凸显，关于农村劳动力转移问题的研究才逐步开展起来。

一、张培刚的农村产业化模型

张培刚（1949）提出的"农业国产业化理论"，论证了农业国的产业化问题。1996年张培刚在《中国的农业发展与产业化》一文中回顾了中国农业发展和农村劳动力转移的历程，并提出了以下观点：第一，分离土地的使用权和所有权，促进土地因素的初步自由流动，以利于土地的合理利用和转移，从而有利于农村剩余劳动力的利用和转移。第二，继续大力发展城镇企业，使其可

以大量吸收农村剩余劳动力。

张培刚关于"产业化"的独特而全面的定义以及产业化对农业剩余劳动力影响的阐述对中国经济发展有重要影响。

二、蔡昉、林毅夫的人口迁移学说

蔡昉（2010）认为中国农村剩余劳动力的转移与其余发展中国家正在发生的，以及发达国家早期发生的劳动力迁移一样，都包含了两个过程：第一个过程是劳动力从迁出地转移出去。第二个过程是这些迁移者在迁入地居住下来。然而，迁移者面临的实际状况恰恰是他们迁移出去后并不预期可以在迁入地长期居住下去。蔡昉从"刘易斯转折点"和"人口红利"角度提出，中国的劳动力供给正面临"刘易斯转折点"的到来，进而得出享受了 20 多年人口红利的经济增长面临着由这种红利即将消失带来的发展模式必须转型的结论。

林毅夫（2014）的主要观点是建议农村剩余劳动力异地转移，即"离土又离乡，进厂也进城"，建议把农村剩余劳动力转移与城市化协调起来，鼓励剩余劳动力向城镇和城市转移。他提出了依靠中小企业转移农村剩余劳动力，新农村建设重在转移剩余劳动力，加大农村投入为劳动力转移创造环境，以信息化推动农村劳动力转移等具体建议和措施。

第三节　农村剩余劳动力转移的具体问题研究

劳动力的空间流动是人类世界的永恒论题。随着全球化和区域经济一体化的深化，劳动力在国家间、区域间和城乡间的流动越发普遍。2013 年，全世界共有国际移民 2.32 亿人，占国际总人口的 3.2%（王辉耀等，2014）。从流动方向上看，国际移民并非单向流动，移民的外出往往伴随着部分移民的回流。根据统计，在德国，超过 2/3 来自德国以外的移民回流家乡。在英国，居留 1 年以上的外国移民人口中，约有 40% 的男性和 55% 的女性在 5 年后离开。在阿尔巴尼亚，随着社会经济与政治环境的改善，2010 年后，超过 70% 的外出者回流本国（Pirachaetal，2010）。劳动力在国内的流动更为剧烈。根据调查显示，2014 年中国农民工总量达 2.74 亿人（国家统计局，2015），超过总人口的 1/5。与此同时，越来越多的农村劳动力从沿海发达地区向中西部传统人口输出地回流，劳动力转移也呈现出外出与回流并存的"双向化"格式（曹广忠等，2011；刘云刚等，2013）。农业部农村经济研究中心对安徽、四川的抽样调查发现，农村回流劳动力占外出务工劳动力的 28.5%（白南生等，2011）。全国的农民工监测数据也证明了这一转变。与 2014 年比较，2014 年东部地区吸纳外出农民工占外出农民工总数的比重由 75.4% 降低到 60.1%，中部和西部地区分别由 12.3%、12.0% 提高到 21.2% 和 18.7%（国务院发展研究中心课题组，2011；国家统计局，2015）。因为高技术劳动力一般具备更强的转移动机（Borjas，1987），劳动力外出转移将会导致家乡的"智力外流"，外出者主要通过汇款方式缓解家乡的成本限制，改善家乡经济相貌（Russell，1992；Du-retal，1996）。与外出者不同的是，回流者通过外出务工，实现了一定的资本积累，回流家乡的同时带来了资金和人力资本（BrainGain）。因此，劳动力的回流可能对家乡经济发展远景产生更为积极的影响。那么，外出者为什么会选择回流？其内在动因是什么？现有理论是如何说明回流现象的？进一步地，回流劳动力具有如何的经济行为，是否表现出更强的就业能力？对于我国而言，近年来越来越多的外出劳动力回流到广大中西部地区，对于这些问题的回答显得更为急迫。国外学者对劳动力回流的研究起步较早，相关在验也较为丰富，虽然其研究目标主要针对跨国移民，但并不影响相关理论及实证经验对中国的借鉴意义。正如 Solinger（1993）所说，中国进城农民工取得的权利、福利与保障等远远不及本地居民，这使得中国的国内移民与其他国家的国际移民（而不是国内移民）具有更大的相似性。近年来农村劳动力回流现象日趋普遍，针对中国国内回流问题的研究也开始增多。因此，本研究通过对国内外相关文献的整理，从劳动力回流理论、回流动因、回流者的就业行为及影响要素 3 个方面对劳动力回流问题进行综述，并对国内外研究做对比分析，希望能为中国劳动力回流的研究提供启示。

一、劳动力回流理论研究

劳动力回流的经济理论长期受成功/失败两分法的分析范式影响。新古典经济学以预期收入最大化为基础，认为回流是转移者在衡量转移成本与收益后的选择，在迁出地与迁入地收入距离没有减少的情况下，只有当转移收入低于预期，或转移的心理成本过高，预期收入目标未能实现时，才会发生回流。因此，该理论倾向于将回流者看作是失败者。与之相反，新转移经济理论将关注的角度从个人转向家庭，以家庭福利最大化为基础，将外出看作是移民家庭的一种生存谋略，外出者以赚钱为目的，一旦他们的收入目标实现，就会回到家乡（Piore，1979）。通过汇款，移民使得家庭收入多样化，以应对家乡信用贷款市场缺陷带来的风险；通过储蓄，克服了成本与信用贷款市场的缺陷，积累了在家乡社区投资或消费的资本。因此，该理论将回流劳动力看作是成功者，而不是失败者。按照该理论逻辑，劳动力回流与外出时的收入具有正向选择性，即收入越高，实现收入目标需花的时间越少，外出者就越可能回流。这与新古典理论截然不同。与经济学理论过于强调回流者在经济上的成功或失败不同，结构主义与社会网络理论更加关注家乡制度环境与家乡的社会联系对回流的影响。结构主义方法认为回流不只是个体问题，对其的分析不能仅限于移民的个人经历，还应该分析移民家乡的社会和制度因素。回流还是一个社会和环境问题。地方性对回流劳动力具有重要影响，输出地的制度特征是影响劳动力回流发展和社会进程的因素。社会网络理论（Social Network Theory）则强调与移民输出国的亲人朋友间的社会联系对外出者回流的影响。转移者通过掌握社会资本，利用信用贷款优惠、技术服务等社会资源，对其回流家乡及回流后的职业选择产生重要影响（Cassarino，2013）。

推拉理论最早用于外出转移研究，对回流问题的讨论较少，但移民输出地与输入地的推力与拉力因素同样对回流选择产生重要影响。一方面，目的地的推力因素能影响回流选择，如经济危机、高失业风险及低收入；另一方面，家乡的拉力因素也推动了移民的回流。Gmelch（1980）认为，拉力因素比推力因素更为重要，特别是家乡经济机会的增加对回流选择具有积极影响。此外，与家乡地区亲人、朋友的紧密联系，社会文化及观念等也是吸引外出劳动力回流的重要拉力因素。劳动力回流是一个复杂的社会经济过程，各学科均对其进行了一定的理论解释。其中，经济学理论涉及劳动力回流问题较早，相关研究较为丰富，但其关于回流者成功/失败的两分法越来越受到其他学科的质疑，并代之以社会网络理论、结构主义理论、推拉理论等对回流问题进行解释。相对而言，国内相关研究仍处于理论借鉴阶段，理论创新结果较少。总体来看，西方相关理论对回流问题的关注与世界移民发展趋势的联系密不可分。第二次世界大战后，德国、法国、英国等欧洲国家的经济复苏对劳动力产生了巨大需要，许多国家通过劳工招募计划，从意大利、西班牙、土耳其等欧洲国家和埃及、突尼斯等北非国家引入大量移民。因为这些招募移民定时回国，回流并非核心问题，政府及学术界对移民回流问题关注较少。1973年石油危机后，国际移民趋势发生明显变化。一方面，欧洲发达国家经济停滞，失业率上升，政府停止了劳工招募计划，并开始通过金融激励，鼓励国外劳工回流；另一方面，中东石油国家经济快速崛起，在国内劳动力短缺的背景下，开始从周边国家如巴基斯坦、埃及等引入劳动力，但由于中东国家施行严格的移民政策，绝大部分国外移民最终不得不回到祖国。因此，1980年后，学术界对回流问题的研究不断增多。1990 年年初东欧剧变后，阿尔巴尼亚、罗马尼亚等国经济衰退，大量移民迁往德国、意大利等发达国家。21 世纪初，随着欧盟东扩与中东欧国家经济的振兴，20 世纪 90 年代外迁的中东欧移民又开始回流本国。在全球化与经济一体化的今天，劳动力的外出与回流更为普遍，许多欠发达移民出发国也希望通过吸引劳动力回流，为本国经济注入活力。这些能推动劳动力回流的研究仍需不断深入。

二、劳动力回流的驱动因素

动因研究是劳动力回流研究的重要部分。实证研究发现，无论是国际移民，还是国内移民，转移者自身的经济因素、与家乡和转移目的地的社会联系、家乡及目的地的地方环境因素对回流选择都具有重要影响。对于中国国内的回流劳动力而言，社会因素往往起着更显著的作用。

（一）经济动因

劳动力自身的经济与就业变量对回流具有较强的说服力。国外实证研究发现，在外务工时间、工资收入、人力资本状况对回流选择的影响较为显著。外出务工时间越长，外出者回流的可能性越低。理论上，外出时间越长，一方面意味着可以积累更多的资金，另一方面，与当地产生了较强的同化效应，通过融入当地社会，减少了在当地的生活成本，因此，回流的可能性更低。Dustmann 等（1996）根据 1984 年德国经济研究所的德国社会经济面板调查（SOEP），研究德国 4 319 名外国移民的回流意愿，通过 OLS 回归分析发现，在德国就业的时间越长，回流祖国的意愿越低；在德国务工每增加 10 年，国外劳动力回流意愿降低 12%。Reagan 等（2009）运用美国国家青年纵向调查的 1979 年群体数据，通过离散时间危险模型估计，研究美国 1.5 代移民回流的决定因素，同样发现在美国居住时间越长，移民越不可能回流。接收地工资水平对回流影响的研究定论并未形成共识。接收地与出发地的工资差异构成了迁出的初始原因。多数研究也认为，接收地工资的增加减少了移民回流的概率。如 Reagan 等（2009）分析美国 1.5 代移民数据发现，在美工资收入更高的移民，更有可能留在美国，而不是回流。但部分学者认为，由于回流后在出发地参加的经济流动的差异，移民在外务工时的工资水平对回流选择的影响也会不同。运用 1988 年德国劳工局就业市场研究所（IAB）对从德国回流到土耳其的国际移民调查数据，Dustmann 等（2011）通过构建在外务工时间与回流后就业行为的理论模型并进行实证分析，发现那些回流后从事主动创业

（Self-employment）的移民，在外务工工资越高，回流的时间越早。作者认为：一方面，移民接收地工资的增加，导致移民继续务工的边际价值增加（相对工资效应）；另一方面，由于移民在出发地消费和投资将得到更大的效用，导致财富的边际效用减小（收入效应），在衡量收入效应与相对工资效应后，移民可能削减在外时间而选择回流（Dustmann，2012）。移民的人力资本状况对回流的作用存在较大争议。许多研究认为，人力资本的不足导致了外出者回流。Lindstrom 等（1994）基于美国 1990 年人口普查及美墨两边劳工调查数据，发现从美国回流的墨西哥移民具有人力资本的负向选择性，即那些人力资本更低的外出者回流，而高技术外出者继续在外务工。Bauer 等（2007）对从中东石油国家回流的 474 个埃及农村劳动力调查发现，劳动力在外务工时间随着文化程度的提高而延长。与不识字的移民相比，识字移民短期转移（在外务工少于 1 年）概率减少了 5%，大学文化移民短期转移概率削减了 12%。这部分研究强调回流者是外出转移的"失败者"。但也有研究得出了相反定论，如 Barrett 等（2007）发现，那些从欧美国家回流到爱尔兰的移民比仍在国外的移民文化程度明显更高。Jasso 等（1988）基于美国纵向调查及 1980 年人口普查数据也发现，技术型移民回流的可能性更大。关于人力资本作用的两种相反结论，有学者将其归因于移民获得人力资本的地区不同。由于在不同地区获得的人力资本的回报存在差异，从而影响了其回流选择。如果移民是在出发地获得技术和教育，通常难以在接收地转化为更高的收入，而在家乡得到的回报要比在国外大，为了追求更高的回报，较高人力资本的移民通常选择回流，即回流对人力资本状况具有正向选择。相反，在接收地获得技术会增加移民在该地的潜在收入，但在输出地的收入增加不明显，那么较低人力资本的移民通常选择回流，即人力资本对回流就具有负向选择。总体上，国外关于回流的经济动因研究倾向于认为回流者是在外务工过程中的"失败者"，由于收入较低或人力资本缺陷而选择回流，他们更多的是被动迁移者，这与理论研究中新古典经济学的解释较为接近。

　　就业困难或收入达不到预期同样是中国国内移民回流的重要原因。白南生等（2011）基于农业部农村经济研究中心 2008 年对安徽、四川回流劳动力的调查数据，对回流原因进行统计发现，56.6% 的受访者因外地就业困难而回流家乡。张宗益等（2016）运用 2015 年对重庆市的 2010 份农户调查数据统计也发现，因外地就业困难而回流的最多，占 65.28%。章铮（2015）基于东莞的企业工人调查数据，利用生命周期模式分析发现，由于在劳动密集型制造业中农民工工资年限太短，只能工作到 35 岁左右，在城市定居的超高成本促进他们不得不选择回乡发展。追求更高的人力资本回报是国内劳动力回流的另一重要动因。由于户籍制度等限制，发达城市地区的二元劳动力市场长期存在，在人力资本状况相似条件下，外来农民工难以获得与本地居民平等的回报（严善平，2015），而在家乡地区其人力资本回报更高，从而促进外出劳动力回流。基于 2016 年中西部 70 个县 2 353 个回流农村劳动力的调查数据，伍振军等（2011）通过改进后的明瑟尔收入模型分析，比较回流者在发达地区与欠发达地区的人力资本回报率，发现回流后劳动力平均收入和群体收入水平都得到大幅度提高，回流后教育收益率是打工时的 3 倍。可见，农村劳动力回流是理性的主动选择的结果，并非简单的在外务工"失败"。

（二）社会动因

越来越多的研究认为，与出发地的社会联系对移民回流具有重要影响。这种社会联系不只包括与爱人、孩子建立的家庭联系，还包括因在当地的社会文化融入建立的社会文化联系。爱人或孩子不在移民接收地增加了移民的心理成本，从而降低居留在外的概率。Dustmann 等（2011）基于从德国回流的土耳其人口数据，通过最大似然估计发现，外出前通过婚姻建立的家庭联系显著减少了移民在外的务工时间。Constant 等（2011）利用德国社会经济面板调查（SEOP）数据，针对 1984—1997 年德国的国外移民通过多元离散事件历史分析发现，爱人和孩子同在德国、无直系亲属在家乡的移民，回流概率远远小于那些家人在家乡的移民。移民在接收地的社会文化融入对回流可能性具有显著影响。因社会网络、语言文化等障碍导致在接收地的融入困境强化了移民回流的动力（Wal-dorf，1995）。DeHaas 等（2011）基于 1997 年欧盟在意大利和西班牙的非洲移民调查数据，考察在接收地的社会文化融入对回流意愿的影响。其中，社会文化融入指标由社会网络、交友、组织参加、言语熟练程度、主流价值观、身份认同等六项指标打分后综合得出，采取多元 Logistic 回归分析发现，社会文化融入程度与移民的回流意愿呈明显负相关。融入程度越高，移民越倾向于留在接收地，而不想回流。中国由于户籍等制度限制，进城农民工获得的权利、社会福利与保障等远不及本地居民，这种城乡二元体制限制了农村劳动力对城市福利的分享，"经济接纳、社会排斥"的做法导致许多农村儿童留守农村，表现在回流动因上，照料家人、生育和抚育等家庭原因就成为回流的重要因素（白南生等，2011）。张宗益等（2016）运用重庆农户调查数据统计发现，有 63.89% 的外出者因照料孩子回流，44.44% 因赡养老人回流。Wang 等（2015）利用农业部农村经济研究中心 2008 年的川、皖两省调查数据研究发现，家中学龄儿童数量每增加 1 名，外出劳动力回流的概率增加 1.1 倍。Zhao（2011）基于农业部 2008 年的六省农户问卷调查数据，分析农村劳动力的回流动因，发现已经婚且爱人未外出的劳动力，回流概率增加 16.1%。家乡的社会联系网络也是吸引中国农村劳动力回流的重要社会因素。张骁鸣等（2009）通过对安徽闻名旅游地西递村的案例分析发现，由于社会资本和社会关系网络的服务只有在社区的空间范围内才能得到发挥，从而导致社区精英及与其有密切联系的社区成员回流家乡。石智雷等（2012）将研究视角转向家庭，运用 2016 年在湖北、河南二省三县 3 144 户农户调查数据，考察农村家庭社会资本（以财政支持网、劳务支持网和情感支持网的规模与质量衡量）对回流决策的影响，通过多元 Logistic 回归分析发现，家庭社会资本与农户回流概率呈 U 型关系，在达到必然的临界值（0.455）后，家庭社会资本的增加促使外出劳动力回流农村。但 70.5% 的农村家庭未达到临界值。因此，对于绝大多数家庭而言，社会资本增加可促进他们外出就业，而不是回流。

（三）当地环境

追求更高的收入是劳动力空间流动的首要原因。当移民出发地与接收地的经济环境发生变化，改变了地区间原有的推拉力结构，通常会带来劳动力在空间上的重新布局。一方面，移民接收地的经济衰退导致移民回流。如 Bastia（2011）利用在玻利维亚、阿根廷和西班牙的半结构化访谈数据，研究 2010 年阿根廷和 2017 年西班牙经济危机对玻利维亚移民决策的影响，发现阿根廷经济危机后，由于失业或治安变差，大部分玻利维亚移民选择回到本国。但由于转移成本较高，西班牙经济危机后，玻利维亚移民对于是否回流尚处于观望阶段。另一方面，移民出发地的经济发展促进了外出移民回流。20 世纪 90 年代，随着大量跨国公司的进入，爱尔兰经济获得了快速增长，就业机会明显增加，许多此前迁往英国及欧洲大陆的爱尔兰移民选择回流。Jones（2012）基于郡级尺度，运用 1991—1996 年间爱尔兰人口普查及投资数据分析发现，跨国公司及其他公司就业岗位的增加对当地劳动力回流具有显著的促进作用，就业率与外出率解释了 35.2% 的回流率，在都柏林都市区及东部地区，就业对回流的拉动作用尤为明显。政策环境是影响劳动力回流的又一重要因素，移民接收当地政策环境的作用更为突出。以欧洲为例，第二次世界大战后，德、法等欧洲国家的经济复苏刺激了对劳动力的需求，国内劳动力缺乏促进这些国家转而在周边国家招募劳工，如德国通过与意大利、土耳其等国家签订协议进行劳工征募，根据协定，这些客籍工人的居留有一定的时间限制，需要在服务期满后回国。在这一政策环境影响下，大量外来移民不得不选择回流。据统计，1973 年以前，通过招募劳工，共有 1 400 万外国人来到德国，期满后有 1 100 万人回到了自己的祖国，有 300 万人滞留德国（宋全成，2015）。在劳动力流动日益自由的今天，采取严格的移民限制的政策虽不多见，但由于接收地政府在失业保障等政策方面多向本国居民倾斜，在经济衰退等外部环境变化时，外来移民往往只能选择回流（Bastia，2011）。

就中国而言，来自家乡的"拉力"对农村外出者回流具有越来越重要的作用。Zhao（2011）利用农业部于 2008 年在河北、安徽等六省的农户调查数据，通过多元 Logit 回归分析发现，农村非农经济发展水平显著影响了外出劳动力的回流。劳动力在本地从事非农流动的比重比平均水平（19.4％）每增加 10％，外出劳动力回流的概率提高 8.9％。盛来运（2017）运用国家统计局 2013 年中国农村住户调查数据，通过实证分析也发现，外出劳动力所在社区越发达，回流的可能性越大。近年来，随着中国沿海发达地区产业转移步伐不断加快，欠发达地区就业机会明显增多，极大地吸引了当地外出务工者回流就业（王利伟等，2014）。李郇等（2012）通过对广东省云浮市的产业转移企业抽样调查发现，在企业一线员工中，69.3％为回流劳动力。通过就近就业，回流者可以兼顾个人发展和家庭生活（陈午晴，2013）。回流体现出产业转移背景下农村外出劳动力的择业理性。从这一角度看，传统的成功/失败的经济学分析范式并不能有效解释中国的劳动力回流现象。从政策环境看，城乡分割的户籍制度是导致中国进城农民工回流的重要因素。户籍制度及由此衍生的一系列制度构成了中国特色的城市二元体制，进城农民工无法平等地获得城市公共服务，子女教育、医疗、就业等社会保障的缺乏迫使外出者将子女和老人留在农村，并在就业竞争力衰退后回流（Wangetal，2015）。正是在户籍等制度的大背景下，其他经济与社会因素才得以发挥如此明显的作用。

三、回流劳动力的就业行为与影响机制

（一）就业行为

除劳动力回流动因外，回流者的就业行为越来越受到学术界和移民出发地政府的关注。尽管理论研究对回流者的就业表现仍存在争议，实证研究则发现，凭借在外务工时的资金和人力资本积累，回流者缓解了家乡信用贷款市场缺陷和人力资本不足，通过生产性投资，促进了回流者个人和家庭就业的转换，推动了家乡中小企业的发展（Dustmannetal，2011；Woodruffetal，

2016)。国外研究主要关注回流劳动力的创业活动。Arif 等（1997）利用 1986 年国际劳工组织对巴基斯坦 1 327 户回流劳动力家庭的调查数据，研究从中东地区回流的巴基斯坦移民的就业行为，发现 44% 的就业者由迁移前从事生产或服务性就业转为回流后从事企业创业活动。Dustmann 等（2011）发现，从德国回流的土耳其移民样本中，超过一半的回流者在回流后 4 年内创办了小型企业。Gubert 等（2011）基于 2015 年对摩洛哥、阿尔及利亚和突尼斯三国回流劳动力问卷调查的数据，发现在 992 个回流者样本中，296 人从事创业活动，占总量的 29.8%。投资行业主要集中于批发零售业、餐饮酒店业和建筑业。

关于回流后劳动力的就业表现，对中国的研究仍存在一定分歧。如白南生等（2011）基于 2008 年安徽、四川两省回流劳动力数据，发现回流民工从事非农业经营性职业的仅为 2.7%，其从业结构与未曾外出农民并无差异，而是回到了传统经济结构中。但更多的研究认为，回流劳动力的创业活动促进了农村地区的经济发展。如 Murphy（2008）利用 20 世纪 90 年代中期对赣南两县的调查研究发现，回流劳动力的创业行为促进了家乡经济的多样化。Zhao（2011）利用 2008 年六省农户调查数据研究发现，回流者比从未外出者更有可能进行农业机械等生产性投资。王西玉等（2012）基于世纪之交的全国 9 省 13 县回村民工调查数据，发现回村民工的就业结构发生了巨大变化，至少有四成以上已经不再从事传统的农业产业，大部分人从事非农产业是通过创业实现的。Dmurger 等（2011）利用 2017 年在安徽无为县的农户访谈数据，通过 Probit 回归分析发现，回流劳动力具有更强的就业能力，与未外出者比较，回流者从事创业活动的概率高 10.4%。刘云刚等（2013）基于对河南驻马店的调查发现，回流者大多从事与外出时就业行业相关的创业活动。与国外不同，中国农村劳动力回流后除开展创业活动外，还存在大量工资性就业。可以说，中国回流者的就业转变更多表现为从农业活动向非农业活动转变，而国外移民从工资性活动向自我雇佣活动转变。如 Wang 等（2013）基于 2015 年中国综合社会调查（CGSS）数据发现，回流劳动力从事工资性就业的比重为 21.6%，而未外出劳动力的这一比重仅为 8.4%。回流者从事农业的比重为 67.0%，明显低于未外出者（82.9%）。两类劳动力从事自我雇佣就业的比重大致相当（回流者 9.5%，未外出者 8.7%）。回流劳动力大量参加工资性就业与近年来不断增多的区际产业转移密不可分。转移企业为欠发达地区提供了较多的就业岗位，许多外出者特别是女性更愿意就近进厂务工（陈午晴，2013），获得稳定的收入，而不是从事更具风险的创业活动。

（二）就业转变的影响机制

为什么回流者就业能力更强，外出经历对回流后就业转变的影响机制是怎样的？国外实证研究主要从资本积累的角度给出解释，其中，既包含物质成本也包括人力资本的积累。此外，外出务工时间和务工地点一方面影响外出劳动力成本积累的效果，另一方面可通过商业与工作环境等影响外出者的价值观，进而作用于回流者的就业行为，因此受到研究者的特别关注。外出时的积蓄对就业转变的影响最为直接。由于劳动力输出地往往受制于不完善的信用贷款市场，回流者在外积累的物质资本就成为移民创业投资的首选。Mesnard（2013）基于突尼斯境外劳工办公室 1989 年的调查数据，研究突尼斯回流移民的就业行为。统计发现，由于国内信用贷款市场的障碍，回流者进行投资的资金 87% 来自外出务工的积蓄。Probit 回归分析表明，积蓄的多少对于回流后自我雇佣行为具有显著的促进作用。Ilahi（2008）利用国际劳工组织和巴基斯坦统计局的回流劳动力调查数据，进行多元 Logit 回归分析发现，回流后海外的积蓄是回流移民职业选择的一个关键决定因素，积蓄多的人选择自主创业，而其他人倾向于工资性就业。运用埃及统计局 1988 年的劳动力样本调查数据，McCormick 等（2010）针对回流劳动力进行分析，发现那些回流后成为创业者的，海外积蓄是工资性劳动者的 6 倍，当回流者的积蓄从 1 万埃及镑增加至 3 万埃及镑时，其成为创业者的概率将提高 1.6%。人力资本积累对回流者就业能力的提升也具有重要影响。移民通过教育、培训或"干中学"等方式获得技术，有助于改善家乡人力资本不足的缺陷，从而促进了回流者的自主创业（King，2009）。Piracha 等（2010）利用阿尔巴尼亚统计局 2014 年做的生活标准测量调查数据，研究从国外回流的阿尔巴尼亚劳动力，发现与工资性劳动者比较，自主创业者的文化程度明显更高，对英语、意大利或希腊语的掌握也更为熟练。Radu 等（2016）对罗马尼亚的回流劳动力研究发现，教育水平与自我雇佣活动之间存在正向作用关系。基于欧洲培训基金会 2015 年对阿尔巴尼亚的问卷调查，Germenji 等（2009）研究表明，外出工作技能对回流者成为创业者具有显著影响，但对其成为工资就业者影响不大。外出务工时间是反映回流者资本积累的重要指标，一般认为，外出时间越长，移民取得的人力资本和积蓄越多，但其对就业转变影响的研究结论存在分歧。多数研究认为，更长的外出时间增加了回流者成为创业者的概率。如 McCormick 等（2010）基于埃及的数据研究发现，与短期移民（外出务工 6 个月）相比，长时间移民（30 个月）的回流者转变为创业者的概率增加 10%。Labrianidis 等（2015）于

2011 年和 2013 年对从意大利或希腊回流的阿尔巴尼亚劳动力进行问卷调查，统计发现，在外居留时间越长，越有可能成为企业拥有者。Arif 等（1997）对巴基斯坦的研究也发现了相似结论。但也有学者认为，由于失业或收入较低，外出者不得不继续在外务工，以实现收入目标，这样就会不断延长外出时间，这种经济上"失败型"的移民回流后并不能实现就业能力提高，其从事创业行为的概率并不高。如 Gubert 等（2011）对阿尔及利亚及摩洛哥的研究表明，外出时间与创业行为之间并不存在显著相关关系。

外出务工地点一定程度上也反映了回流者资本积累的效果。来自发达地区的回流者在就业岗位取得特定技能的机会更多，资本积累的机会更好，回流后更能实现就业转变。基于突尼斯的调查数据，Mesnard（2013）研究发现，从欧洲国家回流的移民多利用积蓄从事创业活动，而从利比亚及其他阿拉伯国家回流的移民，海外积蓄较少，大多成为工资性劳动者。Co 等（2009）利用 1992 年匈牙利家庭大样本面板调查数据，发现外出工作经历对回流后的就业与收入具有重要影响，但回流者的外出工作经历与性别不同导致影响程度存在差异。在经合组织（OECD）国家的工作经历作用明显，女性比男性更能实现就业转变；与留守者相比，从 OECD 国家回流的女性工作收入高出 67%，但从其他国家回流的女性工资增加不明显。DeVreyer 等（2010）基于 2011 年西非国家 7 个主要城市的住户调查数据，研究回流劳动力就业转变的影响因素，通过最小二乘法和最大似然估计发现，只有从 OECD 国家回流的移民才更有可能成为创业者。如果不考虑外出地点因素，回流者比未外出者的就业表现更差。需要指出的是，上述因素对回流就业的影响并不是相互独立的，而是相互交织并最后作用于回流者的就业行为。其中，人力资本情况在内在作用机制中发挥重要作用，较好的人力资本水平能使其他外出经历的作用明显增强。McCormick 等（2010）将外出经历与外出前的教育水平相结合，通过对埃及的实证研究发现，对于受过教育的回流者而言，海外的积蓄和在外就业时间对成为创业者具有显著的积极作用，但对于未受过教育的回流者而言，更长的海外经历对其创业行为影响并不明显，他们更多受外出积蓄的影响。

对中国回流者就业行为影响机制的研究相对薄弱，少量研究主要沿着国外分析脉络从资本积累角度进行分析。相对而言，在中国回流者的就业转变过程中，人力资本积累通常比物质资本发挥着更为重要的作用。李小建等（2009）在对河南固始县回乡劳动力创业行为分析后认为，回乡务工者带回的人力资本和物质资本在创业过程中具有显著的扩散效应。Ma（2010）对 1997 年国务院发展研究中心对全国九省十三县的农户调查数据分析发现，技术和人力资本积累（而不是储蓄）对回流劳动力就业转变（从外出前的务农变为回流后的非农就业）具有重要影响。Dmurger 等（2011）基于 2017 年安徽无为县的调查数据，发现回流后自主创业的劳动力在外务工时变换工作更为频繁。运用 Probit 回归分析发现，外出时换工作的次数与回流者创业的概率呈显著正相关。作者认为：频繁地换工作一方面增加了劳动者的工作经验，有利于以后的自主创业；另一方面也是冒险者的一种特质，这恰是创业过程所必需的。Wang 等（2013）利用 2015 年全国综合社会调查数据分析发现，从东部地区回流的劳动力从事自我雇佣和工资性就业的可能性更大。

四、回流农民工的人力资源状况

第三次农民工回流现象始于 20 世纪 90 年代，起初的回流劳动力仅占外出劳动力总数的 5% 不到，没有形成规模。但 1995 年以后，这一比值迅速上升，2013 年达到 38%。农民工回流现象在 21 世纪之初愈演愈烈。李晓亮、申覃（2014）的调查数据显示，回流农民工与未外出打工的农民相比，具有必然优势。首先，在年龄分布上，回流农民工的平均年龄为 37.5 岁，高于未外出劳动力平均年龄（27.5 岁）。其次，在受教育程度方面，从未外出的农民受教育程度平均为 6.9 年，而回流农民工这个群体平均受教育程度为 7.49 年，高出从未外出劳动力 0.59 年（见表 3—1）。

表 3—1　回流农民工与未外出打工的农民人力资源比较

比较类别	回流农民工	未外出打工农民
平均年龄（岁）	37.5	27.5
受教育程度（年）	7.49	6.9

五、农民工回流与新农村建设研究

易清传等（2016）对农民工"精英群体"回流建设新农村提出了建议：建立和完善城乡社会流动机制，既要有利于农民工出去，又要有利于农民工回来，使其流动更顺畅；建立和健全返乡机制，加强宣传，筑巢引凤；部门配合，强化服务，为其返乡创业开辟"绿色通道"；加快土地经营制度的改革；加快完善技术培训机制，实施能人带动，发挥示范效应。邵腾伟等（2010）具体分析了农民工回流对农村生产发展、生活观念、乡风文化、村容整洁、管理民主等方面的促进作用。

但是，农民工回流对农业规模化经营的影响、回流农民工对新农村建设的消极影响等还有待进一步研究。

六、农民工回流与中国城市化联系的研究

按农民流入城市是否具有可逆性，可以把农民进城划分为两种类型：一种是单向不逆流类型，即农民离开乡村流入城市后，不会再重新回到原来流出地，这种类型在拉丁美洲各国城市化时期表现得最为典型；另一种是逆向回流类型，即相当数量的农民在离开乡村流入城市后，由于各种原因，或早或迟地回到原来流出地，这种类型以中国当前城市化过程中的农民工流动为典型。

黄声兰在《中国城市化过程中农民工回流问题探讨》一文中表示，农民工回流推动了小城镇的发展，缓解了中国城市化过程的压力。同时，她认为农民工回流给城市化过程也带来一些负面影响：农民工回流不利于农村经济的稳定发展，也不利于中国城市化建设总体水平的提高。因此，她提出在城乡建立起为农民工服务的组织机构，建立健全社会保障体系，加强社会保障制度的建设，加快农村小城镇建设和鼓励企业开拓农村市场等建议。

七、农民工回流后的权利保障问题研究

农民工回流将在很长一段时间内成为中国的社会生活现象，关注回流农民工的权利保障问题也就成为必然。这方面的研究散见于有关论文和政策研究文章中。有的学者认为，由于农民工经济收入相对较低，扣除日常消费、补贴家用等开支所剩无几，他们基本无力缴纳养老保险。目前对农民工进行培训的机构数量稀少，且专业性不强，靠技术养老也不现实。因此，建立何种模式可以更好地保障回流农民工的权利值得我们认真思索和落实。

谭明福和刘春雷（2009）在《六盘水市返乡回流农民工情况调研报告》中指出，社会保障体制不健全是回流农民工的权益保障中最大的问题。说农民工是工人，但在就业、医疗、养老等各方面与城镇居民相比存在巨大差距；说是农民，但农村社会保障体系内又没有建立农民工迫切需要的工伤保险、失业保险和养老保险等。因此，回流农民工的保障问题陷入了城镇管不着、农村管不了的两难境地。

八、回流农民工回乡创业的相关政策研究

阳立高等（2017）对湖南省 14 个市（州）农民工返乡创业进行了一次全

方位的政策调研，分析了农民工返乡创业的基本情况和存在的主要问题，并就如何科学引导和扶助农民工返乡创业提出了政策建议：改革个体经营工商登记制度，调整金融制度，改革土地制度，多平台解决创业融资困难问题，对农民工返乡创业实行必然时期的税费减免措施等。

韩俊等（2017）针对对农民工回乡创业的重要意义认识不够、不满足相关的优惠政策、创业难、"三乱"现象时有发生、融资和用地困难等问题，提出了加大对农民工回乡创业的财政和税收扶持力度，改善金融服务，为农民工回乡创业提供信用贷款支持，建立健全农民工回乡创业培训和培训服务体系，优先解决农民工回乡创业用地问题等对策。

李含琳（2017）认为对农民工返乡创业遇到的各种困难与问题，政府急需调整各种宏观经济政策，建立有力度的扶持农民工返乡创业的政策体系。内容涵盖财政扶持、税收扶持、金融扶持、产业扶持、土地扶持、市场扶持及环境优化政策等方面。

综合评述：农民转移问题很显然是一个世纪难题，国内外学者争先恐后对其进行研究，研究视角堪称开阔广大。这些学者的研究成果是农民转移问题理论发展的重要推手，也成为制定相关政策的主要依据。从农民转移的动机、过程、定居、回流、创业、就业到对农村经济和城市化过程的影响，相关研究基本实现了全覆盖，而且每一个环节都有很多实证和理论阐述。因此，要想在农民转移的问题上研究出新意，的确不是一件容易的事情。然而，仔细研究相关文献，可以发现其中的弱点也很明显。一是研究问题比较局限，没有从体制视角进行统摄性研究，即大多数研究基本处于劳动力转移的一个环节，而统管整个转移过程的研究少之又少；二是没有注重结合国内实际情况进行研究，很多研究主观使用国外劳动经济学理论，忽视了当前中国劳动力转移的特殊性。而这个特殊性表现在以下三个方面。

其一，中国农民群体自身素质水平和大中型城市化过程的对立。

其二，中国农民群体自身素质水平和中小城镇化过程的对立。

其三，中国农民自身素质提高的阶段性、渐进性和劳动力转移急迫性的对立。

九、总结与展望

（一）总结劳动力的空间流动

劳动力的空间流动既是经济发展的风向标，又对区域经济社会发展产生重要影响。但与外出迁移相比，劳动力回流问题并未得到足够重视，究其原因，主要有以下三点。

其一，与外出劳动力比较，回流劳动力的规模相对较小。

其二，回流劳动力数据一般难以获得，限制了相关研究的进一步发展。

其三，传统移民理论将劳动力回流看作是个人在外失败的就业经历所形成的，认为回流者对地区经济的积极影响微乎其微（Davidson，1969）。

通过对国外已有文献的梳理，不难发现，在劳动力回流理论中，主张成功/失败的经济理论长期占据主导地位，但这一分析范式开始受到社会学理论的挑战。在回流动因方面，回流选择也不仅仅受自身经济因素所驱使，而是在与家乡的社会联系、家乡与移民输入地的社会经济环境等因素的综合影响下发生的，回流是一个复杂的社会经济过程。在就业行为方面，回流劳动力并不是简单的经济上的"失败者"，通过积蓄和人力资本积累，他们表现出更强的就业能力，通过自主创业等活动，促进了家庭收入的增加和家乡经济多元化。相对而言，中国劳动力回流的理论研究仍较为匮乏，实证研究主要沿着国外的分析范式展开，总体上尚处于起步阶段。值得注意的是，经济基础、制度背景等的巨大差异导致国内外回流特征及内在规律必然有所不同，现有的少量文献已开始证明了这一观点。研究发现：一是在回流动因上，因户籍制度等的限制，导致照料家庭等社会原因回流占据较大比重，区别于受经济因素巨大影响的跨国移民回流；二是在就业行为转变上，与国外移民回流后主要从事自主创业不同，由于区际产业转移和欠发达地区的产业化发展，中国国内的回流者从事工资性就业更为普遍；三是在影响机制上，国内劳动力回流就业转变过程中，技能的提高和人力资本积累往往比积蓄发挥更大作用，这与国外各资本积累因素的综合影响有所不同。但必须指出，这一差异更多是与国内相关研究薄弱、缺乏统一认识和明确结论有关，二者是否真正存在内在机制的差异仍有待进一步探讨。

（二）研究展望

对于中国而言，农村劳动力从发达地区回流已成为劳动力流动的一种"新常态"，对回流问题的研究不仅有助于丰富劳动力转移理论，对于传统人口输出地经济与城镇化发展也具有极强的政策意义。未来国内劳动力回流研究可重点关注以下几个方面。

1. 回流理论研究

改革开放后，中国经济的快速非均衡发展推动了农村劳动力向发达地区的大规模流动。但在户籍等制度影响下，劳动力外出往往随同部分人的回流。随着沿海地区产业结构调整、产业区际转移和农村土地改革等的推动，城乡就业环境发生明显变化，劳动力回流现象更为普遍。党的十八大以来，中国开始实施新型城镇化战略，政府旨在通过改善城市农民工的公共服务，加速农民工市民化。新的城镇化战略将如何影响人口流动格局，尚不得而知。这些制度环境的改变及经济发展阶段的差异性都决定了中国国内劳动力回流问题的特殊性和复杂性。基于国外移民经验提出的劳动力回流理论必然无法有效解释中国的回流现象。因此，迫切需要基于中国的实际，在回流动因、回流后的经济表现及地方影响等方面提出更具适用性的理论创新，增强理论的解释能力和指导作用。

2. 劳动力回流的空间效应

现有国内外文献较少关注劳动力回流的空间问题。少量研究表明，移民回流后向城镇集中的趋势十分明显。不同的是，国际移民主要在国家范围内向大城市集中，而中国的农村移民则主要向家乡县城集中（李郇等，2012；王利伟等，2014）。由于县域空间尺度较小，回流者的居住、就业、消费等行为的空间选择性更大，许多回流者在就业空间上向县城集中的同时，并未伴随居住空间的集中，这些行为的成因如何，其与农业生产、当地公共服务提供等存在何种关系，对欠发达地区经济发展与城镇化过程将产生怎样的影响，仍有待深入研究。

3. 新生代农民工回流问题

进入 21 世纪以来，中国农民工内部开始呈现分化趋势，新生代农民工日益增多，并成为外出农民工的主体。与老一代比较，新生代农民工有更强的市民化意愿（段成荣等，2011），但仍面临就业不稳定、社会保障水平低等制约，在融入城市面临许多困难的情况下，回流家乡已成为许多新生代农民工未来发展的重要选择。由于两代农民工在文化程度、务农经历、就业分布、发展意愿等方面均存在显著差异（张永丽等，2017），这些差异必然导致新老农民工在回流决策、回流后就业选择与消费行为等方面各具特点，并最终产生不同的影响。因此，学者有必要针对新生代农民工群体，重点研究其回流行为与影响。

第四章　中国式农村剩余劳动力回流型
转移理论

第一节　劳动力回流型概念分析

在进行进一步探讨之前，我们认为对一些关键词进行概念辨析是十分重要的。有两点需要明确：其一，劳动力转移是一次性的，还是多次性的。大多数学者谈到劳动力转移时没有观察劳动力转移的多次性，认为转移是一次性的过程，从而把研究重点放在了转移动机和最终转移效果上，拒绝观察劳动力转移的过程。实际上，他们混淆了向城市转移和在城市定居的概念。真正的情况是，劳动力转移实际是多次的。就这一点，笔者十分认同蔡昉（2010）老师的观点。他认为中国农村剩余劳动力的转移与其余发展中国家正在发生的，以及发达国家早期发生的劳动力迁移一样，都包含了两个过程：第一个过程是劳动力从迁出地转移出去，第二个过程是这些迁移者在迁入地居住下来。除了国际非法的劳动力流动外，大多数国家劳动力的迁移都是同时实现这两个过程的。从目前的主要研究文献可以看出，学者要么集中于对转移第一过程的研究，要么集中在转移后城市化（定居）的研究，却很少将这两个过程联系起来同时研究。蔡昉同时提出，中国的迁移者面临的实际恰恰是他们迁移出去后并不预期可以在迁入地长期居住下去，即这两个过程是分开的，间隔的时间是不确定的，且二者之间没有必然的联系。他认为二者没有必然的联系，这代表了中国大多数学者的观点，同时也是将二者分离研究的关键原因，而这一点是笔者十分不赞同的。其二，需要理清城镇化和城市化两个概念。不同于一般意义上对城市化和城镇化的定义，本研究认为，城市化分为人口城市化和地区城市化两种。城镇化，尤指农村"城镇化"，即以城镇企业和小城镇为依托，实现农村人口由第一产业向第二、三产业的职业转换过程，居住地由农村地区向城镇地区（主要为农村小城镇）迁移的空间聚集过程。这里的城镇化过程实际是农村人口非农化的过程，是人口城市化的过程，其市政建设仍然以城镇为主。而地区城市化不仅是农业人口转化为非农业人口，并向城市集中的聚集过程，而且是城市在空间数量上的增多、地区规模上的扩大、职能和设施上的完善的过程，可见地区城市化必然同时包含了城市建设的城市化形态和人口的城市化过程。人口城市化实质是非农化，是向地区城市化的过渡形态，但是，这不代表城镇必然向大中城市转变。本研究所指的城市化则主要是大中型城市化，即地区和人口同时城市化。同时我们认为农民工向城镇回流聚集的过程也是人口城市化的一部分。

本研究认为劳动力转移是一种动态过程，既包括劳动力迁移（转出和回流），也包括劳动力最终定居的行为。在中国背景下，二者有着密切联系。而本研究的目的就在于通过考察当前劳动力转移的几种模式、思路，追寻一种现实的符合中国国情的劳动力转移模式，在此基础上构建出中国式农村剩余劳动力回流型转移理论。

第二节　解决劳动力转移的模式与评价

在数十年的时间里，中国学者针对中国农村剩余劳动力转移进行了各种深入研究，提出了关于劳动力转移模式的各种观点。但究其本质，转移模式有以下两种。

一、农村剩余劳动力异地转移实现城市化

这种模式的主要内容是：农村人口只有实现向城市转移，由城市吸纳并定居，改变城乡人口结构比，才能形成农村人口地区上的城市化和农村人口产业上的非农化。实践是检验真理的唯一标准。如果这种转移模式在中国可行，那么二十多年的剩余劳动力转移过程必然有相当比例的农民工实现了城市定居。我们沿着这种逻辑发展思索：当前农村剩余劳动力转移，城市化的效果最终如何？

观察农村剩余劳动力城市化的效果，首先必须理解有多少劳动力通过这种模式实现了城市化。当笔者就此查阅相关文献的时候，惊异地发现，时下大多数高谈农民城市化的学者，其实并没有对当前农民城市化的实际情况进行研究，只是在探讨农民城市化的阻碍，其暗含着农民异地城市化是必然选择的假设，同时，未对农民工当前的城市化实际情况进行考察。推测其逻辑，他们感觉到农民工城市化目前效果是很差的，但是主要问题出在制度和各种阻碍上。

虽然如此，从严谨角度出发，我们认为必须对近年来农民工城市化的状况进行调查研究。

这里有两个标准：一是以农民是否在城市实现较为稳定的就业和生活来统计农民工城市化水平，二是按照户口为准的统计标准鉴定农民工是否实现城市化。按照第一个标准，改革开放后，中国将居留城市 6 个月以上的人口统计为城市常住人口。以这种标准统计，农民工城市化的速度很惊人。1978 年到 2009 年，全国城市化水平从 17.92％提高到了 46.6％（见图 4－1）。

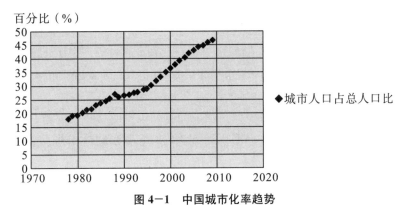

图 4－1　中国城市化率趋势

注：总人口按常住人口口径统计。摘编自《中国统计摘要 2010》。

但是这种统计方法面临着两大质疑。第一，将以农民工为主体的在城市居住 6 个月以上的外来人口统计为城市人口，这部分人约占据城市人口的 26％，在中国目前体制下，这些农民工虽然已经在城市就业和生活，但是他们在劳动报酬、子女教育、社会保障、住房等很多方面并不能享受城市居民的平等待遇，也就是说他们远远没有融入城市社会。第二，按照现行统计，在 6 亿多城镇人口中，仍有相当数量的、居住在郊区从事农业的农业户口人口。

第二个标准是按照户口为准的统计标准鉴定农民工是否实现城市化。由于没有城镇人口统计，学界一般用非农化率来替代。1990 年的非农化率大约在 21％，到 2016 年上升到大约 33％。但是同期官方统计人口城市化率则从 26％上升到了 45％。据中国发展报告 2010 课题组基于 2009 年普查和 2014 年的 1％人口抽样调查数据的统计，这 5 年城市人口增量中的 71.8％是持有农业户籍的进城打工的外地农民工和郊区的农业人口。实际上，统计意义上的人口城市化率（城市常住人口比重）与人口的非农化率（非农业户籍人口比重）产生了较大差距，并且差距在不断扩大，2016 年相差已经达到 12 个百分点。

城市化的完整定义应该是农业人口转为非农业人口，让进城就业的农民在城市定居。在现行体制下，户口实际承载着一系列的制度红利，因此，我们认为农民工进城定居的标准就是农民工取得城市户籍。值得注意的是，以上的城市化还包括了城镇化的部分，如果扣减掉这部分，那么实际城市化率会更低。以深圳为例，深圳市曾发布的数据显示，到 2010 年年末，深圳市实际管辖人口超过 1 300 万，但本地户籍人口总量仅为 250 多万人，而常住人口高达 900 多万人，人口结构倒挂十分严重，这说明要取得城市户籍是非常艰难的。大量人口常住城市，却没有真正融入城市，没有过上和城市人一样的生活，这种现象被称为半城市化。有人提出了改变半城市化实现真正人口城市化就是要开放城市户籍管理。然而，据《2010 中国发展报告》显示，解决农民工市民化不仅仅是政策问题，还需要实实在在的投入。中国当前农民工市民化的平均成本在 10 万元左右。这意味着中国未来每年为解决 2 009 万农民工市民化需要投入约 2 万亿元资金。始于 2010 年的全国史无前例的房地产调控，导致各大城市均出台了限购政策，而城市户口再次成为身份识别的最重要因素。以上说明了，在当前阶段直接通过开放户籍享受其承载的制度福利可能并不实际。

二、农民就地、就近城市化

农民就地城市化实际是以农村剩余劳动力离土不离乡转移模式为基础而衍化出的一种城市化模式。所谓农民"就地城市化"，就是农村人口不向城市迁移，而是在原有的居住地，通过发展生产和增加收入，完善基础设施，发展社会事业，提高农民素质，改变生活方式，过上和城市人一样的生活，也有文献称之为农村就地城市化。"就地"即原有的居住地，包括原自然村、行政村和合村并点的新社区。持此观点比较具有代表性的人物是刘文纪。他的核心观点是，城市化的主体是农民，城市化是农民的城市化。由于农民仍占中国人口绝大多数的基本国情、经济社会发展的现状、资源环境的承载能力、城市化过程中积累的问题和进一步推动城市化面临的困难等因素制约，我们应该重视农民就地城市化。而与之相似的观点则是就近城市化，主要是指农民在离乡不远的城镇居住，实现城镇化的过程。

笔者对该观点提出了以下几点质疑。

（一）当前农民人力资本是否能支持农民就地、就近城市化

农民就地城市化模式是以农民为主体的就地城市化模式，但是这种观点的持有者却不得不面对当前中国国情下，农民是否具有这种就地城市化的能力这个问题。舒尔茨认为，解释农业生产不同的重要变量是人的因素，即农民所取

得的能力水平的差异……农民作为新生产要素的需要者，其素质高低对农业现代化具有至关重要的影响，因此应当增加对农民人力资本的投资，提高农民素质。绝大多数国内学者也谈到了提高农民素质的人力资本投资问题。根据他们的理解，似乎长时间加强农民素质教育和短期进行劳动培训就可以解决农民素质问题。笔者认为，长时间来看，加强农民素质教育可以提高农民素质这个观点没有问题。但是短期来看，加强劳动培训就可以解决农民素质问题吗？

【材料】

2009 年，国家宣布按期实现"基本普及九年义务教育""基本扫除青壮年文盲"的任务，尤其是农村义务教育，2011 年发生了翻天覆地的变化，小学和初中入学率分别达到 98.6％和 90％。全国有 2 598 个县实现了"两基"目标，占总县数的 90％。

中共中央党校经济学部中国农村九年义务教育调查课题组（以下简称课题组）组长、调查报告执笔人潘云良教授于 2016 年 1 月 11 日对中国经济时报记者说，他们课题组 15 名成员是带着这令人鼓舞的数字，满怀希望地奔赴全国 16 个省市进行调查研究。

然而，潘云良说："我们失望了，农村的教育，尤其是落后地区的教育情况，并不像城市的教育那样效用明显，更说不上繁荣，反倒可用'凋敝'这个词来描述，一点都不夸张，一点都不耸人听闻。我们深深感到，目前'普九'的效果是低标准的，并且相当脆弱。"

潘云良说，这种脆弱表现在两点：一方面，所谓"基本普及"，是指 85％的人口掩盖地区实现这一要求，还有 15％的人口掩盖地区——主要在西部贫穷地区——这一目标远未实现；另一方面，即便在"普九"已经验收的地区，普及义务教育的质量也是很脆弱的，不少地区的辍学率呈现了明显的反弹。近年来，农村学生的辍学、流失率偏高，初中生辍学率上升，根据官方发布的数字已达到 5.47％。有的地方农村辍学率高达 10％以上。

（材料来源：中央党校课题组）

根据以上调查材料，尽管我们大幅度加强了农民素质教育，但是总体来看，农民教育水平离全国平均水平仍有巨大差距。这就说明城市的教育水平正在以更高的速度前进。农民的教育水平，注定了他们只能在城市从事比较低廉的劳动。国家统计局农村司 2009 年农民工监测调查报告显示，外出农民工仍以从事制造业、建筑业和服务业为主，在外出农民工中，从事制造业的农民工所占比重最大，为39.1%，其次是建筑业占17.3%，服务业占11.8%，住宿餐饮业和批发零售业各占7.8%，交通运输仓储邮政业占5.9%。从事制造业的农民工比上年降低2.6个百分点，建筑业、批零业、服务业、住宿餐饮业等均有所增长。而如果要使这些农民工直接在乡下就地城市化，那基本就是不可完成的任务。

（二）农民是否具备就地、就近城市化的社会资本

社会资本这一概念最早是作为经济学术语出现的，后来逐渐发展到社会学和政治学领域。国内外大量学者从各自的研究领域和研究对象出发，对社会资本给予了不同的界定和解读。真正将社会资本概念引入政治学领域的学者是罗伯特·帕特南，他将社会资本定义为：社会资本是指社会组织的特征，例如信任、规范和网络，它们可以通过协调的行为来提高效率。综合国内外学者的不同理解，可以从政治学角度把社会资本定义为：社会资本是广泛存在于社会网络联系之中并能够被行动者投资和利用以便实现自身目标的社会资源。农民社会资本主要是乡村社会资本。由于土地的不可转移性及农民相对封闭的生产生活状态，农民乡村社会资本应该是基于血缘、婚姻、亲缘、地缘联系形成的，以乡村流动圈子为交往范围，以交情和乡情为尺度的保存、封闭、排外的一种社会资本。如果不考虑农民转移过程对当前社会资本的重组，那么在这种强联系下的社会资本将对城市化需要的开放性和交融性形成严重的制约。

当然，对这个观点的质疑远不止于此，比如就地城市化金融资本的来源问题等，都是就地城市化观点不可逾越的阻碍。很显然，这种观点最大的特征是否定了农民向大中城市转移过程中农民以人力资本等为代表的个人能力提高的重要性。

第三节　回流型转移的理论和主要内容

基于中国的发展阶段和实际国情，笔者在此提出通过回流型转移实现城市化。我们认为通过回流型转移实现农民的城市化是当前阶段最具实践性的转移模式。其中核心观点包括：一是应该鼓励农民长距离转移。这是当前状况下立即提升农民人力资本和促进农民社会资本重组的最有效方式，也是农民尽快实现城市化的必要条件。二是应当促进农民工回流，就近实现城市化。这一方面会大幅度减轻大型城市城市化过度的压力，另一方面会大幅促进小城市、城镇

的发展。三是在农民的产业转移上，应该促进农民向第二、第三产业的梯度和非梯度转移，同时采取政策鼓励农民向现代农业回流。

一、鼓励农民长距离转移

所谓长距离转移，指农民能够通过各种有效平台实现从农村向大型、特大型城市的转移。之所以称之为长距离转移，主要是为了和当前转移模式中的就近就地转移模式相区别，后者主要指农民向就近的中小城镇的直接转移。这里的转移是动态的，实际就是农民在大型、特大型城市找到工作，成为常住人口。以此而论，从西部农村向东部城市的转移就业就是这种状态的最优情况。

提出这个观点的基础是中国目前农民的人力资本和社会资本的现实状况。我们认为，从尊重现实出发，通过大幅促进转移是解决尽快提升农民人力资本和促进其社会资本重组的最有效方法。在上面针对就地就近转移方式，我们已经讨论了农民人力资本和社会资本的瓶颈问题。这里阐述长距离转移给农民人力资本和社会资本及金融资本带来的影响。

（一）长距离转移有利于农民人力资本的提升

中国学者郭剑雄和刘叶依据《2015 中国农村住户调查年鉴》提供的数据，绘制出 1985—2014 年农村非农从业人员比重（X）变化和农村劳动力高中及其以上文化程度人数比重（Y）变化相关联系的散点图，利用计量软件 Eviews5.0，对各变量落后阶数的选取则根据 AIC 和 SC 准则。研究表明，非农从业人员比重的增加是农村居民家庭劳动力高中及其以上文化程度的人数比例提高的原因。这说明农村劳动力的非农转移在一定程度上对农村居民受教育程度的提高做出了贡献。换言之，劳动力的非农转移促进了农村居民人力资本的提高。两位作者以劳动力转移与否作为内生变量，得出一个农民人力资本积累的模型。由于非农产业的要素回报率较高，因此，迁移者可以比未迁移者获得更高的收入。当较高的文化技术成为劳动力实现跨部门"套利"的必要条件时，必然会刺激农村居民家庭对其成员进行教育投资的需求的增长。这实际是从农民人力资本投资动机角度上进行的解释。他们的问题则是忽略了在农民长距离转移过程中，在城市实现就业过程中的人力资本本质上的改变。我们认为，农民工迁徙过程对其人力资本的巨大影响表现在：一是刺激了农民转移前的人力资本投资。二是刺激了农民对下一代教育的直接投资。三是农民工在大中型城市的工作中，存在"干中学"型的人力资本投资方式。在农民工进城后，由于环境的大幅度改变，农民必须迅速适应城市的工作和生活环境，同时必须迅速熟悉工作。这样就会在短时间迅速改变农民的经验值，改变其承受环境改变的心理素质，从而提升其人力资本。四是劳动力流动中的培训效率远高于常规性职业培训。在城市管理和产业升级的双重压力下，产生了对进城民工进行培训的要求。农民进城，信息来源多，可以利用社会化信息平台了解职业或岗位需求，并可以有目的、自觉地接受各种职业培训。这种培训由于具有直接针对性和主观能动性，效果优于常规培训。

（二）长距离迁移，有利于促进农民社会资本重组，改善农民的社会资本状况

向大中城市迁移，可以改变农民当前的以血缘、亲缘和地缘为纽带建立起来的社会联系网络。社会网络是指个体与他人、群体在交往之间形成的各种联系，亦称为联系资本。个体与他人、群体的交往与互动是形成这种联系资本的基础。英克尔斯认为，农民与城市接触的经验"也许能成为现代化的学校"。显然，交往的增加能够促进农民工对城市的社会认同与归属感的形成。

向大中城市长距离迁移能够有效改变农民当前的人际信任联系。人际信任联系是社会联系的重要方面，也是社会合作与社会整合的基础，没有通过社会资本投资建立起来充分信任，就不会产生有效的社会沟通和合作。信任方式与群体的性质有密切联系。在中国农村，家庭成员间的信任以其血缘联系为尺度逐步向外围辐射。美国著名社会学家罗伯特·K. 默顿在论及内部高度团结、外部联系微弱团体的负面影响时指出："高度的社会团结有可能限制了群体成员在工作表现方面的竞争：一个高度团结一致的群体中的成员，可能变得相互过于宽容，从而不能相互追求高标准的业绩；或者群体的大部分互动都用于表现和强化群体的团结性，而以牺牲实现群体目标的时间和力量为代价。"这充分说明了这一社会结构的负面影响。因此，一个人若想获得较大发展，必须与外部群体进行沟通与联系。格兰诺维特的观点告诉我们，一个人或组织要想有所创新与发展，必须突破群体封闭的界限，不断与外部进行信息交流，或者直接通过社会流动加入新的群体，这样自身才能得到较大的发展。

（三）劳动力流动可以大幅改善农民的金融资本状况

我们把农民金融资本状况分为两部分：一是农民自身财富积累，二是农民的融资能力。事实上，农民工在长距离迁移过程中，伴随着收入的增加，自身财富得到不断积累，这点不难理解。但是农民迁移对农民本身融资能力的改善，又如何理解呢？农民融资能力是指农民在金融市场上具有融资的思维和行

为能力。所谓融资，从广义上讲就是当事人通过各种方式到金融市场上筹措或贷放资金的行为。在现代市场经济条件下，社会生产中的物质资源、人力资源都是通过货币资金的运动来实现其优化配置的，资金的配置机制在资源配置的制度中已经居于核心地位。资金及其配置的特殊地位和效用使得融资行为在当代经济生活中具有了举足轻重的影响力。我们认为经过大中城市工作洗礼的农民将具有更高的人力资本和社会资本，同时，其自身也积累了足够的资金实力，这必然使其融资能力得到大幅提高。这就有效加强了其创业能力。

二、促进农民工回流，实现就近城市化

农民长距离转移，结果必然是远离农村，这会导致农村劳动力的大幅度流失，从而致使农村第二、三产业的凋零。而农民工回流后实现的就近城市化，则是经过人力资本和社会资本提升后农民工就近实现的城市化。一方面，这会促成农民工和农村距离的拉近，有利于家乡的投资和消费；另一方面，农民工经过训练后，已经适应在小城市和城镇实现城镇化。可见农民工回流实现就近城市化是对农民长距离转移短处的补偿。但是，促进农民工回流实现就近城市化的意义远不止于此。

（一）农民工回流、就近城市化是不发达地区实现对人口红利再分配的重要平台

在农村剩余劳动力转移的第一个阶段实际上是城市的资本要素吸收农村的劳动力要素进行生产的过程。从地域上讲，表现为西部地区农民工资源向东部地区流动，主动寻求资本雇佣的过程。显而易见，农民工的转移过程大幅降低了当地的用工成本，促进了当地的经济发展。当然，西部地区也通过输送大量的劳动力，缓解了农村剩余劳动力的就业压力。由于这部分输出劳动力大多数处于青壮年，从人口学上讲，实质上是东部地区分享了西部地区的人口红利。同时西部地区逐渐出现了农村空巢化和农业产业空心化。如果我们抓住机会实施政策促进农民工回流，那么就使不发达区域实现了人口红利的再分配，获得了宝贵的人口红利，进而缓解农业产业劳动力空虚的问题。

图4-2来自国际劳工组织、相关课题人员和蔡昉的预测。很明显，三种方案都认为2010年开始，人口红利出现明显转折点，2010年以后人口红利逐渐消失。

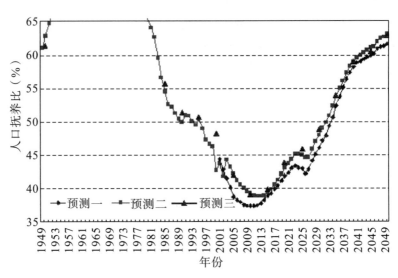

图4－2　人口红利预测

注：1957—1977年数据缺失。

（二）促进农民工回流，实现就近城市化是欠发达区域承接发达区域产业转移的重要途径

雁阵理论是一个比较完整的关于产业区域转移的理论。这个模型起初用来描述日本作为一个后起经济体，如何借助动态比较优势变化完成一个"进口—进口替代—出口"的完整赶超过程，以后则被广泛用来解释东亚经济的发展模式。即以日本为领头雁，按照比较优势的动态变化，劳动密集型产业依次转移到亚洲四小龙、东盟国家以及随后的中国沿海省份。利用区域分工，将劳动力和区域发展整合互补起来，在国内形成梯度的产业结构在理论上是成立的。因为比较优势变化所显现的雁阵模式路径，在经济发展高度不平衡的大国中，由于地区之间的异质性，一些地区进入新的发展阶段，如长三角和珠三角地区，另外一些地区可能仍然处在原来的发展阶段，如大部分中西部地区。在这样的大国中，雁阵模式则可能出现一个独立经济体内部地区之间的产业转移和承接。

图4－3说明东中西部产业转移的确正在发生。

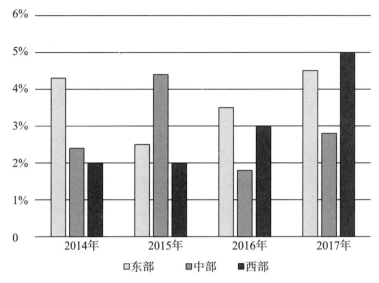

图 4-3　东中西部劳动密集型产业比例

产业转移和农民工回流事实上是相辅相成的。一方面，发达区域向不发达区域梯度转移产业，目前主要是转移劳动密集型产业，使农民工主动回流到家乡附近参与要素分配。另一方面，农民工回流造成的所谓"民工荒"，会倒逼劳动密集型产业向不发达区域转移。那么农民工回流是怎样促进产业转移的呢？

1. 农民工回流得到了西部及其他欠发达地区人力资本的支持

一个很具体的问题：为什么在中国发生产业转移的条件下，并没有出现大量的产业向东南亚等国家转移？其中一个重要原因就是东南亚等国家缺少熟练和勤奋、尽职的工人。中国内地承接劳动密集型产业转移的优势条件恰好就是经过城市锻炼的回流农民工，为产业转移提供了丰富而廉价的熟练劳动力。图 4-4 是世界各个新兴发展中国家对劳动密集型产业的容纳程度。蔡昉认为，由于其他国家容纳能力十分有限，一旦产业大量转移必定马上抬高当地用工成本。因此，没有一个国家可以取代中国在劳动密集型产业中的劳动力成本优势。

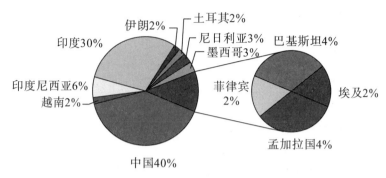

图 4-4　各发展中国家密集型产业容纳程度

2. 农民工回流为产业转移提供社会资本支持

社会资本对企业的作用已经被理论数次论证。沿海企业迁移异地需要另建一套人脉网络和利益联系网络，加大了企业的成本。但是农民工在发达区域打工过程中建立的新社会网络，在回流过程中并不是失去了意义。相反，回流过程中农民工就像先头兵一样，带着发达区域的社会联系和思维方式反向嵌入不发达区域，成为发达区域企业转移的一个楔子。由于提高了初始信任度，有利于企业逐步转移。

3. 农民工回流加强了发达区域和欠发达区域的产业链和企业合作

当前是社会化大生产，产业分工合作明显，如"富贵鸟"鞋厂要搬到西部来，那么它就离开了原来的产业链，离开原来的制革、标签、纸盒、鞋带等供应商。在新的地方就需要新的供应商，要求当地要有相关产业链。如果当地或附近没有合适的相关产业链，那么有再廉价的劳动力，也难以吸引有资质的企业迁入。就算供应商的产品符合质量要求，这种合作也要有一个磨合过程，必然导致生产活力下降，成本提高。而农民工回流创业，会逐步利用原来打工时期的社会联系，建立相应企业，相当于在产业链的某一个节点打下了楔子，有利于产业集群的逐步形成。

4. 农民工回流大幅促进了欠发达区域的消费，大大扩大了当地市场

这一点也是最重要的促进作用。西部及其他欠发达地区缺少消费市场。西部及其他欠发达地区向东部输出资源等初级产品，同时从东部购入工业品以及外来工在东部相当数量的消费，而自身的资金积累相对缓慢，这些均影响着西部及其他经济欠发达地区的消费能力，也影响了西部及欠发达地区企业与商家的营业收入。农民工的回流必然带来当地消费的增长，从而促进当地市场容量的大幅提升。在商机和利益的驱动下，发达区域的产业岂有不转

移之理？

【材料】

近年来，广东省大力推进产业转移和劳动力转移。截至2010年9月，广东境内34个省级产业转移工业园已累计签订投资项目1910个、协议总投资4041亿元，已建成项目1104个。

据了解，广东省将推进产业转移和劳动力转移称之为"双转移"：指自2008年以来珠三角劳动密集型产业向东西两翼、粤北山区转移；而东西两翼、粤北山区的劳动力，一方面向当地第二、三产业转移，另一方面其中的一些较高素质的劳动力向发达的珠三角地区转移。有数据表明，"双转移"中仅广东省产业转移工业园吸纳的劳动力就超过了42.6万人，其中六成以上是广东本省劳动力，为欠发达地区群众增收致富创造了条件。

原江门市副市长陈佳林介绍，江门产业转移工业园园区规划总面积1008.9公顷，发展以电子信息、五金机械制造、纺织服装为主导的产业集群。目前，园区已引进项目107个，项目投资总额超160亿元，其中已建及在建项目25个，投资总额超亿元的大项目有13个，超10亿元的特大项目有3个，项目全部量产后预计园区年工业总产值可达380亿元。

据原广东省副省长刘昆介绍，在实施"双转移"战略过程中，广东始终保持政府推动与市场运作相结合，通过加大政策宣传引导力度、出台优惠政策措施、帮助降低东西北地区企业的转移成本和生产经营成本等方式，帮扶珠三角地区有条件、有意愿的企业向外转移。接下来，广东将结合前一阶段实施"双转移"战略的实际，进一步完善政策、细化措施、优化服务，重点是认真落实支持外商投资企业发展的政策措施，积极帮助外资企业解决用工及培训难题，抓好外资企业转型升级培训平台建设，鼓励和支持外资企业研发高新技术和产品、创立自主品牌、扩大产品内销，积极推进公共就业服务体系建设，努力为外资企业发展创造良好环境。

（材料来源：广东省大力推进产业转移和劳动力转移项目建设 2010年12月1日 新华网）

耗散结构理论认为任何远离平衡且内部具有非线性反馈机制的开放系统，通过与外界环境间的物质交换和能量循环，在环境的扰动不超过一定的阈值时，系统可能从稳定的均匀无序的非平衡状态自发地发展到一个稳定的时空有序状态，即耗散结构状态。从根本上说，耗散结构理论关注的焦点是开放性系统的演化态势,即聚焦系统从无序向有序、从低级有序向高级有序的演化态势。以下我们以此构筑和解释农村剩余劳动力回流型转移理论。

我们设定农村和城市为社会大系统中的两个子系统,而在城市系统中包含城镇、小城市、大中城市子系统。这些系统又是由人、经济、社会、科技、生态等多个方面构成。而这些因子间的相互作用加剧系统整体效应的复杂性。社会系统有序发展就是要使得系统中各个子系统处于最佳状态,相互之间能够协调统一,从而产生更加富有经济性、社会性与生态性的整体效应。

开放性系统也就是解除系统的孤立性质,积极地与外界交换物质、信息和能量,以至于从混沌走向更为复杂的有序系统。根据热力学第二定律,一个孤立系统的熵一定会随时间增大,熵达到极大值,系统达到最无序的平衡态,所以孤立系统绝不会出现耗散结构。也就是说,孤立系统会一直增加它的无序性,不会发展成自组织型系统。由此可见,农村和城市系统之间,小城镇、小城市、大中城市之间都必须成为开放性系统,才能保持系统的不断发展和升华。要实现各系统之间的有序发展,必须注重各系统物质、信息、能量的交换。所谓的物质、信息、能量的交换,实际上涉及人力流、资金流、技术流、信息流、资源流等多个层面的交换。而农民工的流动正是扰动以上能量交换的重要过程。因此农民工在城乡之间、城市和城镇之间的移动对于系统的有序性是十分重要且必要的。那些认为农民工迁移存在巨大社会成本的观点,不过是因为其影响了自己的生活而产生的抱怨言论,实质上是在传统思维方式上歧视农民的表现。

远离平衡态是指系统内可测的物理性质极不均匀的状态。普利高津认为:"非平衡"是系统有序发展的源泉,在所有的层次上,无论是宏观物理学的层次、涨落的层次,还是微观的层次,非平衡是有序之源,与之相对应的平衡态是孤立系统经过无限长时间后稳定存在的一种最均匀无序的状态,系统的这种超稳定的平衡状态是"死寂"的,系统是不能够进化或发展的。系统只有远离平衡态,处于不稳定的状态中,才有可能演化为有序结构。中国封建社会能够长期保持,错过了最关键的资本主义机会,其根本原因就是长期闭关锁国,系统内部处于均衡状态。对于系统内部,尽管能够通过各种起义实现朝代更替,但是却没能够升华为本质上的新的社会系统。我们通过对农村社会的经济和政治改革,其根本目的就是主动破解它的路径依赖状态,通过主动的制度变革解体农村社会的低水平均衡状态,使农村能够快速跟上城市的发展步伐。而在这一过程中,最关键的是要解放农村剩余劳动力,让他们主动追随城市化的脚步。农民工大量向城市迁移必定导致农村内部社会联系的解体,改变农村经济结构状态，促成农村向社会主义新农村发展。

"非线性"就是作用的总合不等于各部分作用的简单相加，在其纵横交错的相互作用中，系统便可能产生整体性行为，出现一种新质。这种新质是系统内部各部分间相互匹配、协调的有序化结果。"线性"与"非线性"反映的是一对对立的联系范畴，线性对应的是"独立联系"，非线性对应的是"相互联系"。从耗散结构理论来看，农村和城市及城市各子系统之间的相互作用是推动这些系统发展的外在动力。从宏观上看，以上系统的有序发展是其各个子系统协调统一的结果。这些子系统包括人、社会、经济、政治、生态、科技等多个层面，它们之间并非彼此孤立，而是存在着一种相互影响、相互制约、相互激励、相互依赖的"非线性"相互作用。城市、城镇有集约、效率较高的科技、资本优势，但是缺少廉价劳动力。农村具有大量剩余劳动力，却缺少足够的资本资源、生产工具、科技知识和经济信息。于是它们会产生相互的需求，通过农民工的主动流动来达到互相补偿。同理，农民工由于知识、信息、资本的不足，需要通过长距离迁移，获取以上能量要素，又将其带回城镇和中小城市，弥补这部分地域的不足。由此达到城市、城镇、农村的能量交换。

综上，我们构建了中国农村剩余劳动力回流型转移的耗散结构地区模型，如图4-5所示。

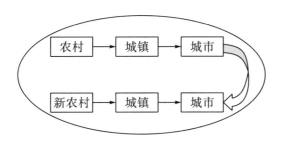

图4-5　社会大系统中农民工迁移的路线图

需要指出的是，这是一个完整意义上的模型，但是真实的流动却是可以在农村和城市之间垮梯度转移的。

图4-6表示，农村和城市都是开放系统，二者处于远离平衡态的状态，产生非线性动力机制。农村输出了城市需要的劳动力，而城市则为农村培养了新的人力资本，在农民工回流过程中带回了资金资本、人力资本和社会资本及企业。这些能量在靠近农村的城镇实现了重新整合和集结，实现了城镇化。而这些靠近农村地区的城镇化对农村发展有着极其重要的作用。这些城镇靠近农村，而且大多数来自农村，因此，它在人力和资金对农村的支持方面，将是大

中城市无可比拟的。

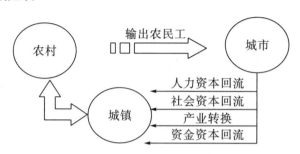

图4-6 农村和城市开放系统之间的能量交流

农村和城市之间交换能量的过程中还有一个重要特征就是农民的非农化过程。以下，我们考虑到农民工在产业之间的转移，并且将制度因素进行了考量，以期建立一个更加真实、完整的耗散结构系统。

图4-7是一个完整的系统和过程。实际上，农民的区域转移和产业转移都是可以跨梯度和逆梯度的。在农民工的转移过程中政策自始至终起着重要作用。因此，我们将农民的纯自发性转移并定居分类为内生性转移，把国家制度影响力下的农民工转移分类为外生性转移。由此构筑出一个更加全面和真实的耗散结构模型。

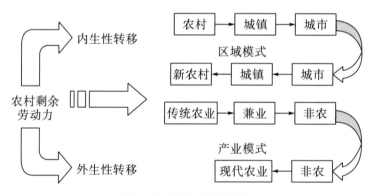

图4-7 耗散结构模型图

第五章　农村剩余劳动力回流实证研究

第一节　调研说明

一、调研目标和假设

本章将基于对四川、重庆、甘肃三个省市的问卷调查，以实证的方法验证本研究提出的农村回流型剩余劳动力理论。根据前面我们对该理论的阐述，我们需要验证以下几个假设：

（1）农村劳动力转移对农民工有明显的正效应（根据前述理论的阐述，我们在此只针对农民自身的效应）：我们将从劳动力外出转移对农民工人力资本的深化、社会资本的重组和深化、资金的积累和融资能力这三个指标来验证农民长距离转移的正效应影响。以上的正效应如果得到验证也就说明这部分转移出去的农民工是农民中的精英和人口红利核心部分，那么吸引其回流，自然就是不发达地域对人口红利的再次分配。关于农村劳动力外流引起的农村经济萎缩的假设，事实上已经被农村近几年经济的迅猛发展形势所否定，因此，本研究免去了对农村本地经济的负影响的研究。

（2）农民工回流型转移对区域城市化具有的正效应：我们将从农民工回流对区域产业转移、促进当地城镇化等几个方面对其回流的正效应予以验证。

（3）为了提出正确的对策，根据我们对农村劳动力"回流"的界定，对比"不回流"群体、"不稳定回流"群体、"较稳定回流"群体各自的群体特征，分析外出劳动力对"家乡""外面"优劣势的判断，寻找影响回流决定的重要"拉力"因素，建立多项逻辑斯蒂回归模型表征个体微观特征与群体回流现象的联系，为建立回流机制的引致政策供给提供实证支持。此处需要说明的是，国内对于劳动力流出动因和推拉因素分析的研究已经十分充分，因此，在本书中我们免去了对劳动力流出的实证分析。

二、调查点背景

四川、重庆、甘肃是在农村劳动力外出方面比较具有代表性的三个省（市），2010 年我们在这三个省（市）分别选取了一个具有代表性的县镇进行问卷调查。其中，四川选取的是金堂县，该县的竹篙镇有"中国打工第一镇"的别称；重庆选取的是开县，该县有"中国打工第一县"之称；甘肃选取的是文县，该县是一个劳动力流出正在逐渐增多的地方。我们在金堂、开县、文县各发放 200 份问卷，其中，金堂回收有效问卷 191 份，开县 177 份，文县 146 份。三地回收问卷合计 514 份，占发放问卷的 85.7%。2011 年，由于研究中国经济形势的变化，需要对某些问题进行补充调研，我们就相关问题在四川金堂县再次进行了问卷调研。本次调研的重点是调查农村劳动力外出后人力资本、社会资本、资金积累方面的变化情况，本次调研共发放 200 份问卷。除对农民工长距离转移效应验证使用了补充调研数据外，其他的数据皆为第一次调研数据。

下面是三个调查点的概况：

（一）四川金堂县

金堂县，位于四川省成都市东北部，面积 1 154 平方公里。2009 年年末，全县户籍总人口 88.33 万，农业人口 66.00 万、非农业人口 22.33 万，分别占总人口的 74.7% 和 25.3%。金堂县常年外出务工人员有 18 万人左右。竹篙镇，是金堂县有名的外出务工人员输出大镇，总人口 5.1 万余人，其中常年外出务工人员达 1.4 万，近 20 年通过劳务输出培养了 1 000 余名经营人才。金堂县中小企业局的统计资料表明：截至 2009 年，该县返乡农民工回乡投资创业的企业已达 277 家，带动了 13 310 个农村劳动力就地就近就业，回乡创业企业总投资 47 663 万元。

（二）重庆开县

开县，位于重庆市东北部，面积 3 959 平方公里。开县是重庆市劳务工作典型试点县，劳务经济是开县农村的"第一经济"。2009 年年末，全县户籍人口 161.57 万，农业人口 139.23 万、非农业人口 22.34 万，分别占总人口的 86.2% 和 13.8%。2009 年农村外出务工人员达 50 万（其中在外当老板的有 5 万人左右），劳务收入 30 多亿元，全县返乡创业户数达 7 518 户，投资金额 40 多亿元。

（三）甘肃文县

文县，位于甘肃省南部，面积 4 994 平方公里。2009 年末，全县户籍总人口 24.91 万人，农业人口 21.98 万人、非农业人口 2.93 万人，分别占总人口的 88.2% 和 11.8%。2009 年农村外出务工人员 5.9 万，劳务收入 4.1 亿元。"十一五"期间，文县累计输转劳务 27.81 万人次，创劳务收入 16.66 亿元，劳务经济实现新突破。因受地震灾害影响较重，文县重建项目仅 2009 年就有各种建设项目 900 多项，总投资高达 50 亿元，这为文县农民就近创业提供了极其广阔的平台。据悉，文县有 1 万多返乡农民工参加灾后重建，他们办砖厂、碎石厂、采砂场、修房子、建果园、建茶厂、跑运输、贩特产，在家门口创业。

三、外出劳动力样本的个体特征

在 514 个样本中，我们以回乡目的、现状来划分三种不同的回流状态，发现，受访者总体上呈"较稳定回流"样本＞"不回流"样本＞"不稳定回流"样本。以 6 个月为判断两种回流状态的依据发现，"回流"样本＞"不回流"样本。在此基础上，我们对"不回流"群体、"不稳定回流"群体、"较稳定回流"群体的以下方面进行了对比。情况如下：

（一）各群体在人口学特征上存在一定差异

各群体的性别较为真实地反映了回流人群的特征，与已有研究契合。相对而言，男性在外出务工群中占比高于女性，同时已有研究也表明，当家里土地没人种或老人、小孩没人照顾时，基于传统分工，外出务工的女性会优先选择回到家中，这样一来，在回流的群体中，女性有可能相对较多。从年龄来看，各群体都以 18～50 岁的样本居多，这部分人恰好处于人口红利阶段，即有劳动能力阶段，较稳定回流的群体也不例外。换言之，他们仍处于能自己养活自己并可能养活他人的阶段，对家乡经济发展能起到促进作用。从读书时长来看，各群体以初中 9 年及以下居多，高中 10 到 12 年的较稳定回流群体的比例相对高一些。各群体已婚者都占多数，但不回流群体中未婚者相对比例较高，这与不回流群体低年龄段的比例相对较高契合，见表 5-1。

表5-1 各群体的人口学特征

指标	选项	总体	不回流	不稳定回流	较稳定回流
性别	男	50.6%	63.2%	56.1%	39.9%
	女	49.4%	32.8%	43.9%	60.1%
年龄	15~17岁	2.0%	3.3%	1.4%	1.3%
	18~35岁	50.5%	54.9%	55.1%	47.4%
	36~50岁	44.3%	40.8%	37.7%	48.3%
	51~60岁	2.6%	1.1%	4.3%	2.2%
	61及以上	0.6%	0	1.4%	0.9%
读书	≤6年	28.7%	27.9%	52.9%	21.5%
	6年<且≤9年	53.4%	56.3%	36.8%	57.1%
	9年<且≤12年	15.5%	14.2%	8.8%	18.5%
	>12年	2.4%	1.6%	1.5%	3.0%
婚姻	未婚	13.9%	21.9%	10.4%	9.0%
	已婚	84.9%	77%	86.6%	90.6%
	离婚	0.6%	0.5%	3%	0
	丧偶	0.6%	0.5%	0	0.4%

（二）各群体务工行业集中于劳动密集业、采掘建筑业、住宿餐饮业、批发零售业

各群体外出务工从事的行业从个案百分比来看，都集中在劳动密集业、采掘建筑业、住宿餐饮业。需要特别说明的是，对于较稳定回流人群，回来后工作的行业人数较多的除上述三类外，还有批发零售业（见表5-2）。

表5-2 各群体的务工行业特征

个案百分比 外出务工行业	总体 （n=501）	不回流 （n=186）	不稳定回流 （n=69）	较稳定回流 （n=232）
传统种养农业	3.0%	4.8%	4.3%	0.9%
规范化种养农业	4.4%	4.3%	8.7%	3.4%
劳动密集业	55.9%	46.8%	44.9%	68.1%

个案百分比 外出务工行业	总体 ($n=501$)	不回流 ($n=186$)	不稳定回流 ($n=69$)	较稳定回流 ($n=232$)
采掘业、建筑业	15.6%	18.3%	27.5%	10.3%
住宿、餐饮业	16.0%	19.4%	17.4%	12.5%
家政、修补等便民服务业	6.4%	7.0%	4.3%	6.0%
批发、零售业	6.8%	8.6%	2.9%	6.5%
交通运输、仓储业	5.2%	7.5%	7.2%	1.7%
文教、公管、技术服务业	5.8%	7.5%	5.8%	4.3%
其他领域	7.8%	7.5%	11.6%	6.0%
总计	126.7%	131.7%	134.8%	119.8%

第二节　劳动力长距离转移的效应验证

理论部分，我们已经对劳动力长距离转移进行了定义。根据理论部分的研究逻辑，我们假设农民工的长距离转移对人力资本深化、社会资本深化和资金积累（即收入增加）有正向效应。这样，我们本部分就需要从两方面对此进行实证分析：一是劳动力外出打工对以上三方面的影响效应；二是长距离转移对这三方面的影响程度是否有正向效应。

一、外出务工与农民收入增加的联系

为了详细分析外出务工对农民收入增加的影响，我们沿着两条线索进行调研：一是我们将在调查问卷中按照是否外出务工分为两组，一组是外出务工人员，另一组是未外出务工人员。然后我们又将这两组的收入情况和当地农民平均收入情况相比较（注意，当地农民平均收入不限于调查对象，数据来源于当地统计部门）。二是我们在务工人群中比较他们务工前后的收入情况。三是我们根据是否长距离转移为分类标准，以县内务工和县外城市务工为标准，比较他们的收入（见表5-3、表5-4、表5-5）。

（一）是否务工为标准的收入比较

表 5—3　　　　　　　　　　　　　　　　　　（单位：元）

	人均年收入
务工人员	7 245
非务工人员	5 534

注：收入为毛收入（以下同）；当地平均收入数据由当地统计部门提供。

（二）务工人员外出打工之前和务工之后的收入比较

表 5—4　　　　　　　　　　　　　　　　　　（单位：元）

	人均年收入
打工前的收入	6 305
打工后的收入	7 245

注：由于各调研对象外出打工时间不同，因此外出年份也不尽相同，所以，在打工收入中似乎应该剔除当地经济本身发展的影响因素。但是调研无法做到这点。

（三）是否长距离转移的收入比较

表 5—5　　　　　　　　　　　　　　　　　　（单位：元）

	人均年收入
长距离转移务工	8 531
就近务工	6 732

注：由于各调研对象外出打工时间不同，因此外出年份也不尽相同，所以，在打工收入中似乎应该剔除当地经济本身发展的影响因素。但是调研无法做到这点。

（四）在外出务工的农民中，问卷观察了他们主观上感受到的打工带来的收入增加的情况

我们设定了三个选择，一是收入增长明显，二是收入有增长但是不明显，三是收入没有增长。根据样本的回答情况，我们制作了图 5—1：

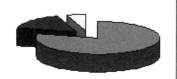

图 5-1　外出务工增收感受

　　以上数据分析从三方面综合验证了外出打工对农民增收有着明确的正向效应，且长距离转移能够明显增强这种正向效应。

二、外出务工收入的支出结构

　　对此部分进行分析是为了印证我们关于吸引其回流的必要性，即他们的开支将会对当地经济有着重要影响。我们在制作问卷时，对外出务工群体的农村家庭支出的考察分为两条线索：一是比对外出务工群体和未外出务工群体的支出情况，二是对外出务工群体的支出结构进行分析。

　　（一）两种类型农户消费支出比较

表 5-6　　　　　　　　　　　　　　　　　　　　　　　　（单位：元）

外出务工农户人均年支出	未外出务工农户人均年支出
5 120	4 588

　　表 5-6 说明，外出务工群体比未外出务工群体有更大的经济支出，且具有更大的边际消费倾向。由此亦可以看出，一方面推动劳动力外出务工，对其支出的提高有明显的正向效应，另一方面吸引外出务工群体回流，对当地的市场繁荣具有举足轻重的作用。

　　（二）外出务工人员的收入支出结构

　　我们对此提供了以下几个选择，①教育投资；②盖房子成婚；③农业投入；④储蓄；⑤就近主动创业；⑥消费支出。根据样本的回答情况我们制作了图 5-2：

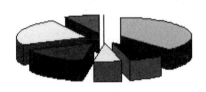

教育投资

盖房子结婚

农业投入

储蓄

自主创业

消费

图 5—2 外出务工群体支出结构

图 5—2 从另一方面显示，外出务工群体对教育投入是十分看重的。这说明外出务工群体对下一代的人力资本投入有很明显的增加，直接说明外出务工对提高人力资本的作用。

三、外出务工对农民工人力资本深化的验证

尽管有学者的研究表明，回乡农民和未曾外出打工的农民没有人力资本上的差别（白南生，2011），但是我们进行的问卷调查却很明显地支持了外出务工对农民工人力资本的正向影响。我们选择了外出务工群体对下一代的教育投资、在务工期间接受的教育培训及其效果和对自身素质提高的主观感觉几点作为研究线索，分析外出务工对农民工人力资本深化的影响。

（一）外出务工群体对下一代的教育投资

对于这点，从上面的外出务工农民的支出结构中就可以看出，他们的教育投资占据了收入的很大比例。根据我们计算出的数据，实际支出远远超过了未外出务工家庭的支出。这说明该群体对教育投资的偏好更加明显。

（二）外出务工群体在务工期间接受培训的情况和效果

1. 外出务工人员参加培训情况（见图5－3）

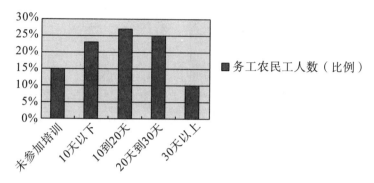

图5－3　外出务工人员参加培训情况

2. 外出务工人员培训效果主观感觉（见图5－4）

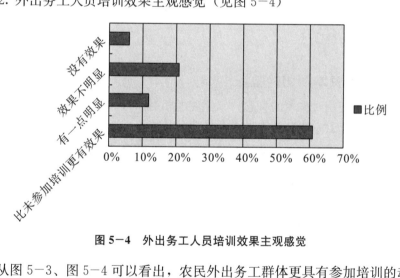

图5－4　外出务工人员培训效果主观感觉

从图5－3、图5－4可以看出，农民外出务工群体更具有参加培训的动力，且由于各项培训现实的针对性，其培训效果远远高于外出务工前的本地培训。

（三）外出务工群体对自身素质提高的感受情况（见图5-5）

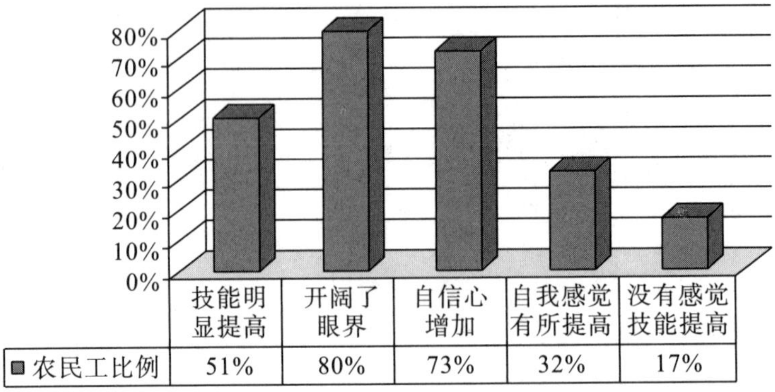

	技能明显提高	开阔了眼界	自信心增加	自我感觉有所提高	没有感觉技能提高
■ 农民工比例	51%	80%	73%	32%	17%

图5-5　外出务工群体对自身素质提高的感受情况

注：因为问卷采取了多选方法，所以比例总和不是100%。

根据图5-5，我们认为可以综合验证外出务工对农民自身人力资本的提高具有明显的正向效应。

四、社会资本深化的验证

社会资本是相对抽象的概念，其测度也相对困难。本研究没有能力对农民工社会资本情况做全面分析，考虑此处研究目标是农民工外出就业后的社会资本深化状况，也就是对外出前后的社会资本拥有情况的比较，我们以社会支持网络为截面，通过农民工精神支持、工具支持、交往支持三方面的测度来观察农民工外出打工后社会支持网络异质性扩散的过程。在下面的研究中，我们把老乡视为农民工过去的社会网络联系，把新认识的朋友视为异质性社会网络联系。

（一）精神支持

1. 解决问题

精神支持（见表5-7）也就是情感支持，它主要测量在遇到生活中的重大问题的时候，需要找谁探讨。

表 5-7　精神支持

遇到问题怎么办	找老乡商量	找新认识的伙伴商量	找组织	自己决定
百分比	41%	23%	20%	16%

从表 5-7 可见，尽管在出现问题时大多数会找原来认识的老乡讨论，但是已有部分人开始转而寻求新认识伙伴商量，并且开始利用制度资源，这说明农民工社会网络开始扩散。表 5-7 中的老乡包括农民工在出来前已经认识的亲属和朋友（以下同）。

2. 维护权利（见表 5-8）

表 5-8　维护权利

遭受侵权怎么办	找老乡	找新认识的伙伴帮助	找组织	自己忍受
百分比	33%	21%	18%	28%

表 5-8 显示农民工已经认识到了新社会网络的重要性，但是还有很大比例的人选择在被侵权时自己忍受，说明农民的维权难度仍然不可乐观。

（二）工具支持

1. 借钱（见表 5-9）

表 5-9　借钱

借钱找谁	找老乡	找新认识的伙伴	不知道
百分比	89%	9%	2%

2. 求职（见表 5-10）

表 5-10　求职

求职找谁	找老乡介绍	找新认识的伙伴商量	找组织	其他
百分比	39%	32%	19%	10%

从表 5-9、表 5-10 可以看出，无论是借钱还是求职，农民工都开始利用新兴的社会网络支持。可喜的是在求职过程中，农民工开始意识到找各种劳工组织解决问题，这同样说明农民工的社会网络支持已经涉及制度支持层面。

（三）交往支持（见表5—11）

表5—11　交往支持

平时和谁交往	老乡	新认识的伙伴	独自
百分比	32%	54%	14%

从表5—11可见，农民工交往圈子明显扩大。

通过上述三方面的分析和比较，我们认为农民工在外出打工过程中，一定程度上建立了新的社会支持网络，并且呈现了不同状况下的使用频率。而新社会网络中的制度性支持开始扮演比较重要的角色。这些都表明，农民从农村到城市的过程中社会网络的异质性发展，农民社会资本得到提升。

第三节　回流的效应验证

问卷调查和典型事例表明，回流在一定程度上有助于提高外出劳动力所在家乡的城镇化水平。回流人群中不少人都愿意或已经在本镇、本县城居住工作。回流也有助于家乡承接相对发达地区的产业转移，因为返乡创业者和打工地有千丝万缕的联系，他们创业的行业、项目来源、资金结构都与他们打工时积累的人脉联系、市场渠道密不可分。

一、农村外出劳动力的回流将促进家乡的城镇化

华中科技大学中国农村治理研究中心主任贺雪峰将农民进城务工的逻辑分为两种：一种是为了维持在村庄的面子竞争和维持相应社会分层位置而外出务工赚钱的逻辑，另一种是为以后能在城市生活积攒资本而外出务工的逻辑。本研究认为此种划分比较符合实际情况，但是我们更关心第二种逻辑，因为外出务工逻辑正在发生从第一种逻辑向第二种逻辑的过渡。虽然这种过渡会让农村变得萧条，但不可否认，这种过渡是农民工在户籍所在地镇或县城实现市民化的重要过程。

较早系统化研究外出农民工回流问题的中国人民大学教授、博士生导师白南生在2011年出版的《回乡，还是进城？——中国农村外出劳动力回流研究》一书中提出："某些确实具备条件的地方有可能通过吸引创业而发展成富有活力的小城镇甚至城市。"其后，2017年民建中央副主席辜胜阻在"第四届中国

经济论坛"上指出,广大中西部地区应以东部产业转移为契机,以县城为中心大力发展县域经济,促进外出人口回流创业,让农民工在中小城市和县城就地市民化,降低劳动力转移成本。

我们的调研也发现,农村外出劳动力回流不是简单地回归原流出地务农,而是回到原居住地附近交通便利的城镇、农村经济发达地区创业、务工和居住,他们租赁或建设厂房,新盖、购买或租赁生活住房,从事第二产业、第三产业生产,并且利用和流出地一直保持着浓重的地缘、血缘和业缘联系带动已外出打工或未外出打工的农民向这些交通相对便利、基础设施相对完善、经济相对发达、信息相对畅通的地区转移,使这一地区成为乡镇企业集中、人口聚集的地区,形成加速城镇化发展的模式。

(一)样本总体倾向于回流到城镇

问卷数据表明,农村外出劳动力回流后常住所在与外出前常住所在相比发生了变化,川渝陇三地外出劳动力回来后常住地点除了外出前的"村上"外,也有人开始住在镇上、县城,二者比例合计占到了31.3%,并且住的房子也多样化了,不再局限于出去前的村上老房子,而是既有住老房子,也有住翻盖的老房子,还有住买的商品房、租的商品房、廉租房、单位宿舍等多种情况。此外,有买房打算的大有人在,在总体样本514人中就有238人,并且在这238人中又有83.6%的人表明打算在镇上或县城买房子,而这199名打算在镇上或县城购房的人在总体样本514人中也占到了接近40%(见图5-6、图5-7)。

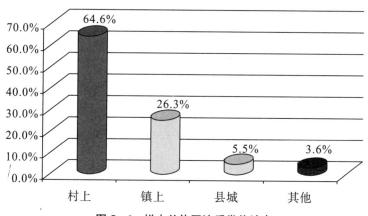

图5-6　样本总体回流后常住地点

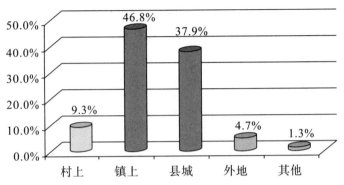

图5-7　样本总体中打算买房子群体的买房地点选择

（二）回流各群体在城镇化上都表现出了较为明显的偏好

如表5-12所示，无论是回来的常住地还是有无买房的打算或是追问买房的地点，各群体都表现明显的城镇化偏好。各群体都有较为强烈的买房意愿，并且绝大多数人都把买房的地点选在了镇上和县城。

表5-12　各群体回流的城镇化情况

		不回流群体	不稳定回流群体	较稳定回流群体
回来常住地	在镇上或县城	33.0%	36.1%	37.2%
	不在镇上或县城	67.0%	63.9%	62.8%
买房打算	有	61.9%	45.9%	58.2%
	没有	38.1%	54.1%	41.8%
打算在哪买房	村上	12.7%	9.5%	11.9%
	镇上	38.1%	47.6%	42.5%
	县城	38.1%	33.3%	38.8%
	外地	9.7%	7.1%	3.7%
	其他	1.4%	2.5%	3.1%

（三）农村外出劳动力回流后的城镇化排名为重庆开县＞四川金堂县＞甘肃文县

从回来后的常住地来看，村上仍是首选，但是相比金堂县和文县，开县样本常住地与金堂县和文县相比，村上的比例要低得多，还没过半（44.3%）。

相应的，开县住在镇上的比例（43.7%）远高于金堂县（23.3%）和文县（9.2%）。如果仅从常住地来看回流群体城镇化的程度，那么三地的排名是开县>金堂县>文县。

从回来后住什么样的房子来看，三地住村上老房子的人数占比最高的是文县（50%），外出打工回来的不少人（占比最低的开县也有19.3%）都会花钱翻盖原来的老房子。此外，买商品房或租商品房住的也不少：金堂县16.4%、开县39.1%、文县17.2%。这在一定程度上表明有外出打工经历的人相比从前，在住房观念上发生了"城市化"的转变。

在被询问到有无买房打算时，如表5-13所示，不少人都有这一打算，而追问打算在哪里买时，镇上和县城的比例三地都超过70%。这同样反映出外出回来人员"城镇化"的强烈愿望。

表5-13 三地农村外出劳动力回流的城镇化情况

	金堂县	开县	文县
有买房打算的	35.8%	75.5%	47.0%
打算在村上买的	20.9%	6.1%	9.3%
打算在镇上买的	64.2%	48.9%	20.4%
打算在县城买的	14.9%	43.5%	53.6%
打算在外地买的	0	1.5%	16.7%

二、农村外出劳动力的回流将促进家乡对外地产业转移的承接

由国务院发展研究中心牵头组织完成的"百县农民工回乡创业调查"表明，"随着劳动密集型产业向中西部地区转移的加快，农民工回乡创业前景广阔"。该调查显示，截至2009年年初，全国有1.2亿农村劳动力外出务工，有近500万农民工回到农村发展现代农业或创办工商企业。根据本课题组对川渝陇三个县级调研点的了解，回乡就业或创业的农民工在农民工总数里占比约为10%。

外出务工的农民工基本都在第二、第三产业就业，他们回到家乡之后，一般不再单纯地从事传统农业生产，而是利用已有的优势，选择现代农业、非农产业工作和创业。权威调查表明，有16.5%的农民工返乡后从事农业综合开发，成为农业产业化经营的带头人，有的兴办第二、第三产业，有的担任农村合作经济组织带头人，有的还担任村干部。尽管从全国和调研点的情况来看，

农民工返乡就业或创业还处于起步阶段，但通过较高素质的回流者带回资金、管理经验、市场信息、合作或转移项目，可使落后地区更方便有效地接受发达地区成熟的转移产业，从而加速落后地区经济结构的转变，推动当地乡镇企业的发展，推动集中了近半数返乡农民工创办企业的小城镇和县城的产业发展。

本课题组在对农村外出劳动力的创业行业归属、创业项目来源、创业资金来源、回流各群体收入对比、回流带动家乡产业发展案例分析的基础上，认为：农民工返乡创业在一定程度上的确是顺应了产业转移趋势，特别是劳动密集型产业从东部发达地区向中西部发展中地区转移的趋势。借助回流农民工这一主要转移媒介和转移载体，沿海的技术、装备、管理和人才等要素正在向不发达地区转移，而作为输出地"桥头堡"的小城镇则当仁不让地担负起承接产业转移的重要角色。

（一）创业行业的选择在一定程度上表明回流是产业复制转移的过程

就创业人群整体而言，创业项目较集中于批发零售、日用百货、便民服务、建筑装饰、住宿餐饮等；也有一些劳动密集的工厂，如制鞋厂、制衣厂、家具加工厂等；还有规模化种养，如加工党参、加工特产土豆、经营果园、养鸡场、野兔场、养猪场等。虽然重庆、四川、甘肃三地创业人群的创业项目特点不尽相同，但也基本上与打工时的工作行业接近。这在一定程度上表明回流不仅是外出劳动力的回流，也是打工地产业复制转移到输出地的过程（见表5—14）。

表5—14 样本总体外出打工的就业情况

行业	频次	百分比	个案百分比
外出时在纺织等劳动密集型产业工作	69	43.9%	60.5%
外出时在住宿、餐饮业工作	25	15.9%	21.9%
外出时在采掘、建筑业工作	14	8.9%	12.3%
外出时在家政、修补等便民服务业工作	11	7.0%	9.6%
外出时在批发、零售业工作	11	7.0%	9.6%
外出时在文教、公管、技服工作	8	5.1%	7.0%
外出时在规模化种养农业工作	6	3.8%	5.3%
外出时在交通运输、仓储业工作	5	3.2%	4.4%
外出时在传统种养农业工作	2	1.3%	1.8%

行业	频次	百分比	个案百分比
外出时在其余领域工作	6	3.8%	5.3%

（二）创业项目的来源在很大程度上表明回流是对打工地产业转移的承接

从创业人群的整体来看，创业项目的来源除了自己开发外，从打工地引进排名第二位，高于亲朋合作，这进一步说明回乡创业人员的创业过程就是对打工地产业的承接过程，表明回乡创业人群是产业转移的主要媒介和转移载体，是推动产业转移的基本力量。三个调查省份的情况也大体如此（见表5—15）。

表5—15　样本总体创业项目来源

		频率	百分比	有效百分比	累积百分比
有效	自己开发	61	51.7%	53.5%	80.7%
	从打工地引入	23	19.5%	20.2%	20.2%
	亲朋合作	17	14.4%	14.9%	95.6%
	家乡政府提供	8	6.8%	7%	27.2%
	其他	5	4.2%	4.4%	100.0%
	合计	114	96.6%	100.0%	
缺失	系统	4	3.4%		
共计		118	100.0%		

（三）创业资金的来源结构再一次印证了回流是产业梯度转移的过程

创业资金的来源较多，但主要是打工积累，打工地老板投资也是来源之一。但无论是自己的打工积累还是打工地老板的投资，都是资金从打工地转向流出地，以回乡自己投资办厂或是同打工地老板合资办厂的形式呈现的产业梯度转移。三个调查省份的情况与总体类似（见表5—16）。

表5-16　样本总体创业资金来源

		照应		个案百分比
		频次	百分比	
创业资金来源	打工积累	80	51.6%	68.4%
	亲属朋友集资	35	22.6%	29.9%
	银行直接贷款	14	9.0%	12.0%
创业资金来源	打工地老板投资	8	5.2%	6.8%
	政府担保小额贷款	8	5.2%	6.8%
	政府回流创业基金	6	3.9%	5.1%
	其他	4	2.6%	3.4%
共计		155	100%	1.3%

（四）"较稳定回流"群体的创业人群其收入相比自身外出时、相比"不回流"和"不稳定回流"群体都有大幅增长

创业人群月收入高于出去打工时月收入（对数转换后），见表5-17、表5-18。配对样本T检验显示，创业人群月收入与出去打工时月收入之间有一定的线性关系，也就是说，回流后这一人群的收入有明显的变化。就均值来看，应该是回乡创业后的月收入高于出去打工时的月收入。

表5-17　创业人员月收入回流前后对比的成对样本统计量

		均值	N	标准差	均值的标准误
对1	创业人员外出打工时月收入的对数	3.197 0	81	0.286 24	0.031 80
	创业月收入的对数	3.240 9	81	0.509 30	0.056 59

表5-18　创业人员月收入回流前后对比的成对样本相关系数

		N	相关系数	Sig.
对1	创业人员外出打工时月收入的对数 & 创业月收入的对数	81	0.290	0.009

创业人群年收入高于当地人均年收入（对数转换后）。分别对创业人群创业项目年收入与三地各自农村居民人均纯收入之间做单样本T检验，见表5-19至表5-24，发现，置信度为95%，显著性水平为0.05时，创业年收入与

三地各自农村居民人均纯收入均有显著差异。换言之，就均值来看，创业年收入和当地农村人均收入不同，且从数值来看，前者高于后者。三地具体情况如下：

四川金堂县 2009 年农村居民人均纯收入 5 800 元（lg 5800＝3.76）。

表 5－19　创业人员年收入与四川金堂县 2009 年农村居民人均纯收入的单个样本统计量

	N	均值	标准差	均值的标准误
创业年收入的对数	81	4.320 0	0.509 30	0.056 59

表 5－20　创业人员年收入与四川金堂县 2009 年农村居民人均纯收入的单个样本检验

	检验值 = 3.76					
	t	df	Sig.（双侧）	均值差值	差分的 95％置信区间	
					下限	上限
创业年收入的对数	9.897	80	0.000	0.560 04	0.447 4	0.672 7

重庆开县 2009 年全年农村居民人均纯收入 4 275 元（lg4275＝3.63）。

表 5－21　创业人员年收入与重庆开县 2009 年农村居民人均纯收入的单个样本统计量

	N	均值	标准差	均值的标准误
创业年收入的对数	81	4.320 0	0.509 30	0.056 59

表 5－22　创业人员年收入与重庆开县 2009 年农村居民人均纯收入的单个样本检验

	检验值＝3.63					
	t	df	Sig.（双侧）	均值差值	差分的 95％置信区间	
					下限	上限
创业年收入的对数	12.194	80	0.000	0.690 04	0.577 4	0.802 7

甘肃文县 2009 年农民人均纯收入 2 025 元（lg2025＝3.31）。

表 5－23　创业人员年收入与甘肃文县 2009 年农村居民人均纯收入的单个样本统计量

	N	均值	标准差	均值的标准误
创业年收入的对数	81	4.320 0	0.509 30	0.056 59

表5-24　创业人员年收入与甘肃文县 2009 年农村居民人均纯收入的单个样本检验

	检验值＝3.31					
	t	df	Sig.（双侧）	均值差值	差分的 95% 置信区间	
					下限	上限
创业年收入的对数	17.849	80	0.000	1.010 04	0.897 4	1.122 7

（五）创业人群月收入的对数均值低于"不回流"及"不稳定回流"群体，但"含金量"更高

从表5-25各群体月收入的原始均值对比来看，创业人群在家乡的月收入要高于"不回流"群体和"不稳定回流"群体。但是梳理数据发现其中存在异常偏大的离散值，因而对各自的月收入取对数进行修正，见表5-26，发现创业人群月收入处理后的均值低于"不回流"群体和"不稳定回流"群体。那是否创业人群月收入真的比"不回流"群体和"不稳定回流"群体要低呢？并不尽然。以金堂县所属的成都市为例，据成都市人力资源和社会保障局时任局长介绍，由于存在东西部地区差异，目前成都的薪资水平略低于东部沿海发达城市，普通工人相同工种的差距大约为200元。不过，成都就业的综合成本却远低于东部城市，交通费、住宿费等各方面消费都偏低，相对而言，成都工资的"含金量"更高。而且，受访的创业者中有一些收入过低，存在100～200元极端偏小的情况，与我们了解到的面上情况相差甚远，估计可能并非收入的真实数据。鉴于就业收入"含金量"的家乡外地对比和创业数据可能的偏差，我们认为创业人群的收入应该会高于"不回流"群体和"不稳定回流"群体。

表5-25　创业人群月收入、"不回流"群体月收入、
"不稳定回流"群体月收入原始值比较

	创业（在家乡月收入）	不回流群体（外出月收入）	不稳定回流群体（外出月收入）
均值	3 867.10	2 196.60	1 736.70
中值	1 666.70	1 700	1 300
众数	1 666.70	2 009	1 000

表5-26　创业人群月收入、"不回流"群体月收入、

"不稳定回流"群体月收入对数值比较

	回乡创业群体 月收入的对数	不回流群体外出打工 月收入的对数	不稳定回流群体外出打工 月收入的对数
均值	3.123 3	3.219 7	3.140 3
中值	3.221 8	3.230 4	3.113 9
众数	2.92a	3.30	3.00

注：a. 存在多个众数，显示最小值。

（六）农村外出劳动力回流带动家乡产业发展的案例

为进一步证明农村外出劳动力的回流将促进家乡对外地产业转移的承接，我们在川渝陇三地的调研点各自选取了两个案例：在重庆开县，我们选取了把在打工地开办的企业搬回老家重庆的"鑫泰电子"公司老板易炳绪和选种优良品种、回乡包果园的青年创业者谭作中；在四川金堂县，我们选取了直接从打工地接订单的竹篙镇永锐制衣厂老板汪前永和被家乡招商政策鼓舞而落户金堂县制鞋工业园的制鞋业国际商人夏国军；在甘肃文县，我们选取了建设新农村、为家乡灾后重建出力的砖厂老板张怡安和沙石厂老板张文贵。

1. 重庆开县事例

（1）易炳绪——为"乡情"所动回乡发展的线缆厂老板。

开县赵家工业园区"鑫泰电子"公司内，近千名员工在生产线上忙碌着。厂长易炳绪是开县临江镇人，曾在外地做了20年的"打工仔"，去年回到老家投资建设电线电缆及电线深加工项目。易炳绪说："之前在东莞，公司就是富士康、LG、海尔等企业的供货商。现在富士康等相关企业搬到了重庆，我在开县的这个工厂也要尽快达到规模生产，承接本地订单，开创新商机。"与易炳绪和他的工厂一起"回家"的，还有在外打工的开县人。仅鑫泰的旧厂就能解决400多人的工作，而新厂建成后，至少还要招2 500名员工。易炳绪说："以后，我们开县人就在开县打工。"

（2）谭作中——回乡包果园种果树的青年返乡创业者。

现年32岁的谭作中是开县和谦镇江东村人，别看他年纪不大，经历可十分丰富。1995年刚满21的小谭便只身闯荡江湖，到四川省自贡市打零工，也曾在成都市进过工厂，但每月收入都不满千元。2010年年初，小谭经朋友介绍到一个果园打工，生性聪明的他一边尽心尽力地为老板工作，一边偷偷地学

习各种果树栽培技术。2012 年冬天他回到了家乡，承包了本组 120 亩瘠薄土地，种上从成都、自贡等地引进的早熟黄桃、油桃、北京 27 号等品种。每天早上天不见亮他就骑上摩托车出工，天黑后伸手不见五指才与请的 3 名帮工收工回家，整天守候在地里侍弄果树，精心除草、施肥、治病虫害。为了给果树浇水，他在地里打了两口能蓄水 400 多立方米的蓄水池，仅栽果树、打防旱池等就投入 35 万多元。开始几年没有收入，要保证果园的正常开支，谭作中引进一种青皮良种南瓜，前两年每年南瓜收入就有 2 万多元。2015 年黄桃、油桃、北京 27 号等果树都已开始开花，小谭十分高兴地对笔者说："看到家乡太穷了，我就是要带头找一些项目试一试。再等两年，我每年都有 20 来万块钱的收入了。"

2. 四川金堂县事例

（1）汪前永——兴办金堂县竹篙镇永锐制衣厂的返乡创业者。

1991 年，金堂县外出打工的人渐渐多了起来，当时家里欠着债，20 多岁的汪前永和妻子便随着第一批南下"淘金"者一起来到了东莞市后街镇一家小小的制衣厂。汪前永凭借自己的聪明勤奋，积累下一身的技术和人生的第一桶金。20 世纪 90 年代末，他和妻子有了自己的第一家企业，当上了老板。在了解到金堂县鼓励外出务工者回乡创业，并有一系列优惠政策之后，汪前永做了回乡办厂的决定，于 2015 年 9 月，投资 70 万元在竹篙镇创办了永锐制衣厂。凭借汪前永外出打工创业时积累的人脉，该厂直接从广东接订单，140 多人的生产线几乎满负荷运转，年产值可达 180 万元。

（2）夏国军——落户金堂县制鞋工业园的第一个回乡创业者。

金堂县转龙镇的夏国军，30 多岁，2007 年到广东鞋厂打工、去湖南做鞋批发生意、干保险推销、再回广州开鞋厂……从最底层的工作干起，积累了丰富的制鞋经验，也掘到了人生的第一桶金。从广州再转战到深圳开办宏昌鞋厂，夏国军的企业规模逐渐扩大，在他的经营下，厂里生产的女鞋大量销往日本和欧美。2016 年上半年，从回家过年的老乡那里得知了家乡正在大力招商，并鼓励外出务工者回乡创业，夏国军的心里就如春风拂过水面般泛起了涟漪。5 月时任金堂县委书记一行前往深圳、广州等地开展制鞋产业专题招商活动，夏国军为家乡的巨变所鼓舞，在深圳签下了回乡办鞋厂的协议。

3. 甘肃文县事例

（1）张怡安——在灾后重建中一试身手的回乡创业者。

文县桥头乡新舍村青年农民张怡安，17 岁初中毕业就远走他乡，到上海闯荡，与先几年到这里的父亲一起打工挣钱。2017 年"5·12"地震后，23 岁的张怡安立即回到家乡，留在村里参与灾后重建。灾后重建需要大量砖瓦，当地的砖厂规模小，杯水车薪，供不应求，重建户都在为难以及时买到砖瓦而急得团团转，张怡安决定在村里兴办砖厂。他拿出家里多年外出打工积蓄，多渠道筹措资金，共投资十几万元，在村里建起的一座小砖厂正式投产，已生产红砖近20 万块，为村民修建新居"添砖加瓦"。砖厂还雇请村里 12 个青年农民务工，他们原来在上海、天津、新疆等地务工，如今在家门口务工，每天收入三四十元。

（2）张文贵——积极投身新家乡建设的返乡创业者。

文县城关镇凡昌村农民张文贵，前些年在外面打工，原始积累如同滚雪球。2017 年，他回到家乡，利用当地丰富的砂石资源，抓住灾后重建机遇，投资 95 万元，建起文县凡昌振兴砂石料厂，吸收当地 30 多名农民务工，实行计件制，务工农民每天收入不下 60 元，有的日收入七八十元。投产 4 个月，已生产砂料 3 万多立方，有力地支援了灾后重建。

第四节　对劳动力回乡创业动因的实证分析

"不回流"群体、"不稳定回流"群体、"较稳定回流"群体对"家乡"和"外面"在就业或创业环境、心理认同、生活偏好等方面的优劣势判断不尽相同，而这些不同的判断可能会对个体回流与否的决定产生一定影响，但这样的影响相对较弱，因此还需要寻找影响流向决定的重要"推拉"因素，以期在建立回流原因的多项逻辑斯蒂回归模型之前能有一个概略性的认识。

一、"较稳定回流"群体大多想长留家乡，而"不回流"群体情况则正好相反

在样本中，关于长期留在家乡的意愿询问，488 人回应，其中 249 人表示会留，239 人表示不会留，有效百分比为 51％和 49％。下表是各群体和留乡意愿的交互表，古德曼和克鲁斯凯系数和不确定系数都是统计显著的，换言之，留乡意愿和回流的划分是显著相关的，留乡意愿和回流状态一致，即表示会留下的样本中大部分都是属于"较稳定回流"群体，而表示不会留下的样本中大部分都属于"不回流"群体（见表5-27）。

表 5-27　各群体的留乡意愿

		依目的三分回流				合计
		不回流	不稳定回流	较稳定回流	其他	
长期留在家乡的意愿	会	45	34	164	4	247
	不会	134	33	64	7	238
合计		179	67	228	11	485

二、照顾家人是家乡对各群体的主要"拉力",但其他"拉力"对各群体效果不同

样本总体中意愿留乡的主要原因,排名前三位的是照顾老人孩子、已经找到工作、正在创业,此外,家乡创业政策好和家里买了房子或盖了新房也是留乡的重要原因。但各群体会长期留乡的原因不同,具体见表 5-28。

表 5-28　各群体与长期留乡原因的交互表

选项	计数	依目的三分回流				
		不回流	不稳定回流	较稳定回流	其他	总计
会长期留乡的原因[a]	已经找到工作	8	11	52	1	72
	正在创业	12	5	59	0	76
	家乡就业机会多	12	3	23	0	38
	家乡收入结余多	11	2	11	0	24
	家乡创业政策好	9	2	25	0	36
	种田收益比以前好	8	11	8	0	28
	养老养病	6	5	9	2	22
	家里买了房子或盖了新房	21	5	23	1	50
	照料老人孩子	51	32	117	2	202
	其他	6	2	9	2	19
总计		77	42	188	6	313

注:百分比和总计以照应者为基础。a. 值为 1 时制表的二分组。有效回应 313。

对于"不回流"群体中会选择留乡的样本来说,首先是有需要照顾的老人孩子,第二是家里买了房子或盖了新房,基本上都是较为被动的原因。

对于"不稳定回流"群体中会选择留乡的样本来说,他们选择留乡的首要原因也是有需要照顾的老人孩子,但其次是来自家乡拉力的两个因素(一个是

种地收益好过以前，另一个是在家乡有了工作）。

对于"较稳定回流"群体中会选择留乡的样本来说，他们选择留乡的首要原因同样是有需要照顾的老人孩子，但其次是基于创业和有了工作的家乡拉力因素。

显然，对于各群体来说，照顾老人孩子、和家人生活在一起是家乡最重要的拉力，但其次的原因各群体有很大差异："不回流"群体可能因为能安居而留下，"不稳定回流"群体可能因为有收益或有收入而留下，"较稳定回流"群体可能因为有收入或有更多收入而留下。

三、"较稳定回流"群体相对会留乡久一点

如图 5-8 至图 5-10 所示，"较稳定回流"群体中已经在家乡找到工作的人还是比较满意目前的工作，明确表示不满意的比例不到 10％。如果不满意工作，选择再次外出和不外出的比例约为 6∶4。对于"较稳定回流"群体中的创业群体来说，如果创业失败，选择再次外出和不外出的比例也约为 6∶4。相比"不回流"群体和"不稳定回流"群体向外流的明显趋势，这三组数字表明在"较稳定回流"群体中，家乡和外面的选择在伯仲之间，在他们心中，外面和家乡的优劣势比较并非像以前那样呈现偏向外面的一边倒态势。

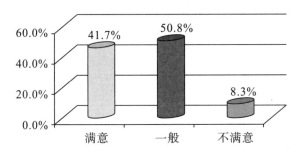

图 5-8　在家附近打工群体对目前工作的满意情况

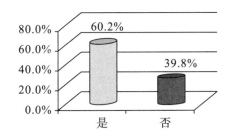

图 5-9　在家附近打工群体如果不满意目前工作，对再次外出的选择

42.9%　　　　　　　　　57.1%

■ 是
□ 否

图5-10　在家乡创业群体如果创业失败，对再次外出的选择

四、收入高是外面对各群体的主要"拉力"，但其他"拉力"对各群体效果不同

样本中，不长留乡的原因排名前三位的是外面收入高、外面有工作、外面工作好找，此外，家乡创业艰难和没在家乡找到工作也是不会留乡的重要原因。但各群体不长留家乡的原因各有不同，具体见表5-29。

表5-29　不留原因统计

选项　　　　　　计数		依目的三分回流				
		不回流	不稳定回流	较稳定回流	其他	总计
不留的原因[a]	外面有工作	42	11	5	1	59
	外面就业好找	34	11	9	1	55
	外面收入高	72	20	37	5	134
	在家乡没找到工作	27	10	9	0	46
	家乡创业艰难	25	10	14	0	49
	外面的教育好	17	6	4	0	27
	外面生活配套设施好	14	3	3	1	21
	家里的地用不着那么多人	14	3	4	0	21
	已经做不来农活	10	8	4	0	22
	其他	5	0	4	1	10

注：百分比和总计以照应者为基础。a. 值为1时制表的二分组。有效回应224。

对于"不回流"群体中意愿不长留的样本来说，他们不留的原因，首先是外面收入高，其次是外面有工作及外面工作好找。显然对于他们而言，收入和工作机会是外面的重要拉力。

对于"不稳定回流"群体中意愿不长留的样本来说，他们选择不留的首要原因和次要原因与"不回流"群体情况相同。但值得注意的是，他们不留的同样重要的两个原因是来自家乡的两个推力，一个是在家乡没找到工作，另一个是家乡创业艰难。

对于"较稳定回流"群体中意愿不长留的样本来说，他们中有不长留意愿的首要原因还是外面收入高，但其次是来自家乡的两个外推力，即家乡创业艰难和在家乡没找到工作（外面工作好找）。

总之，对于各群体来说，外面收入高是外面最重要的吸引力，其次，是外面和家乡在工作机会和创业综合条件方面的博弈。换言之，哪里的工作机会好，哪里的创业综合条件好，就更有可能留在哪里。孩子的教育、生活的便利等因素相比上述原因重要性要低一些。

五、"不回流"群体基本上都会再次外出，而"不稳定回流"群体倾向于再次外出

对于"不回流"群体，我们发现其中 90.1％过年后要再次外出，90.0％在处理完事情后又离开家乡。

对于"不稳定回流"群体来说，情况稍微复杂一些。群体中回来务农的样本，回流原因稍显无奈，见表 5－30。排名靠前的原因要么是担心家人，要么是担心土地，还有就是自己身体、技能等方面相对较弱，因为落叶归根或者不想再外出的样本相对少很多。群体中正在找工作的样本，72.7％的表示没有在家乡找到工作，而如果再找不到工作，要外出的占到 71.4％，追问找不到工作的原因，见表 5－31，排在首位的就是"没满意的工作"，其次工作不对口、工作机会少也是重要原因。

表 5－30　"不稳定回流"群体中务农的原因

| | | 照应 | | 个案百分比 |
		频数	百分比	
回来务农的原因[a]	要照料家人无法外出	27	36.50％	62.80％
	家里的地没人种	17	23.00％	39.50％
	自己身体差	8	10.80％	18.60％
	没什么特长	7	9.50％	16.30％
	不想再外出	6	8.10％	14.00％
	其他	5	6.80％	11.60％
	在家附近找的工作不合适	2	2.70％	4.70％
	自己年龄大	2	2.70％	4.70％
总计		74	100.00％	172.10％

注：a. 值为 1 时制表的二分组。有效回应 43。

表 5-31 "不稳定回流"群体中在家乡没找到工作的原因

		照应		个案百分比
		频数	百分比	
在家乡没找到工作的原因ª	没满意的工作	13	44.8%	65.0%
	家乡工作不对口	8	27.6%	40.0%
	工作机会少	7	24.1%	35.0%
在家乡没找到工作的原因ª	老板要求高	1	3.4%	5.0%
	其他	0	0.0%	0.0%
总计		29	100.0%	145.0%

注:a. 值为 1 时制表的二分组。有效回应 20。

六、不同区域的地方政策会有不同的回流效果,对当地回流政策评价高的回流也多

宏观经济环境的变化是回乡创业的一个重要影响因素。输入地竞争的激烈起推动作用,输出地基础设施、相关政策的改善起着拉动效应。输出地政府的鼓励和优惠政策是诱发回乡创业的一个重要因素。我们的调查证实了白教授及其研究团队的发现,同时我们有了更进一步的发现:不同区域的回流政策不同,回流群体内部构成也不同,对输出地回流政策评价高的区域,回流的人数多,并且回流就业或创业的情况也要好一些。

(一)不同地区的回流政策有所不同

四川、重庆、甘肃三地从省到县,针对返乡就业或创业人员的地方政策虽然基本态度都是"促进",具体内容也都涉及岗位开发、能力培训、政府支持等方方面面,但在具体的措施和实施力度方面还是有一定差异。省市县各级措施做法见表 5-32 至表 5-34。

表5－32　四川省市县关于回流的地方政策和做法

四川省政策			
1. 就业援助——开发公益性岗位，优先安置失岗返乡农民工就业；免费提供职业介绍服务（政府对介绍成功的民办职介机构有补贴）。 2. 技能培训——针对灾后重建的用工需求，提供转岗培训；针对务农意愿，提供农业实用技术培训；针对创业意愿，提供创业知识培训；针对市场需求，为用人单位提供订单式培训。 3. 创业扶持——失岗返乡农民工凭失业登记证明，可在工商登记、经营范围、注册资本等方面享受优惠政策；申办个体工商户的，免收工商登记费；在城镇创业的，纳入小额担保贷款政策扶持范围；从事种养业的，积极给予小额信用贷款支持。			
四川省内部分大中城市政策			
成都市	**绵阳市**	**南充市**	**宜宾市**
1. 政府拨出7500万，向包括返乡农民工在内的15万人每人发放500元就业培训券。 2. 在优化创业环境方面：一是采取积极的产业政策，二是开辟创业用地政策，三是采取税收优惠政策，四是做好农民工返乡创业的金融服务。 3. 在优化生活环境方面：一是解决农民工子女入学问题，要求学校不得以任何借口拒绝返乡农民工子女入学。二是做好返乡农民工的医疗服务和计划生育工作，安排免疫接种和儿童预防接种及计生服务。	1. 出台《促进返乡农民工就业工作方案》，提出，该市2009年将力助10.36万名返乡农民工重新实现就业。 2. 要求抓住灾后重建契机，以重建项目带动就业。 3. 鼓励自主创业，将返乡农民工在城镇创业就业人员，纳入小额担保贷款政策范围。 4. 开展创业培训、项目开发、开业指导、小额贷款、政策咨询一条龙的创业服务。	1. 举办多场返乡农民工专场招聘会。 2. 大力发展中小企业，以优惠贷款政策鼓励企业安置农民工。 3. 集中整合劳务培训基地，打造"川妹子""川厨师""川建工"等劳务品牌，实行订单培训、定向输出，提高农民工择业竞争力、自主创业能力。 4. 做好随迁子女就地就近入学，禁止学校收取择校费。 5. 做好社保转移接续工作。 6. 加强农民工维权保障，协调处理劳务纠纷案件。	1. 组织专场招聘会。 2. 搭建"失业返乡民工网上就业"服务平台。 3. 通过"政府＋劳动保障部门＋驻外办事处、联络站、特聘联络员"的模式，走出去，收集沿海劳务输入大省用工信息。 4. 探索"求职、培训、就业、维权"四位一体劳务"直通车"输出模式。 5. 由政府建立担保基金、提供财政贴息等多种形式，解决农民工创业资金难题。 6. 对农民工返乡创业税费进行减征免征，降低创业门槛。

续表

金堂县政策和具体做法
1. 2016年金堂县出台《关于鼓励回引创业经济发展的实施意见（试行）》，后又出台《关于建立外出务工人员回乡集中创业居住区的实施意见》和《金堂县回乡创业示范区优惠政策》。
2. 在劳务输出量大、区位优势强的竹篙镇、高板镇、土桥镇、福兴镇、白果镇和平桥乡，规划建设了6个回乡集中创业居住区，总面积达220亩。政府投入2 500多万元配套基础设施。撬动了社会资金近亿元，建成商业铺面、农产品加工和储运厂房2.6万平方米，住宅6万平方米，吸纳了6 800多人创业居住，规划全部完成后，将吸纳回乡创业和就业的农民工2万人以上。
3. 对在示范区内从事个体经营、兴办企业的业主，在资金、能源、建设、土地、劳动用工等方面给予优惠和扶持。
4. 从2013年开始，全县对外出务工人员回乡创业的，每年开展评选"十佳创业表彰"，并推荐部分创业明星作为县、乡人大代表、政协委员、商会副会长人选，从政治地位上给予更多的鼓励，让更多的务工人员回乡创业。

表5-33　重庆市县关于回流的地方政策和做法

重庆市政策
2017年10月17日，重庆市政府下发了《关于引导和鼓励农民工返乡创业的意见》（渝办发〔2017〕296号）。主要包括以下内容：
1. 创业场地政策。引导和鼓励返乡创业农民工通过租赁、承包等合法方式利用闲置土地、闲置厂房、镇村边角地、农村撤并的中小学校舍、荒山、荒滩等场地进行创业。
2. 税收优惠政策。对农民工返乡创办的企业，在登记注册后，3年内按规定缴纳的企业所得税地方留成部分，由财政部门安排发放给企业。对返乡创业农民工从事个体经营的，相关部门要适当提高营业税的起征点。
3. 金融扶持政策。返乡创业农民工证照齐全的房屋产权、机器设备、大件耐用消费品和有价证券以及注册商标、发明专利等无形资产均可作为抵（质）押品，向金融机构申请贷款。该市将小额担保贷款对象从之前的下岗职工、大学生扩展至农民工，同时将贷款限额由5万元提高到8万元（小企业最高可贷100万元），贴息比例由50%提高到80%。2009年，该市共为1 684名农民工发放小额担保贷款1.1亿元，对其创业起到带动作用。
4. 就业再就业政策。根据国务院关于就业再就业政策的相关规定，结合重庆市城乡统筹就业的实际，逐步将现行部分就业再就业政策扩大到农村富余劳动力和农民工。试点税收减免、社会保险补贴和岗位补贴政策。重点企业贷款贴息。小额担保贷款贴息。享受培训补贴。其中培训补贴最高标准由每人500元提高到600元。2009年1～10月，全市共培训农民工31.7万人。

开县政策和具体做法
开县制定出台了《关于鼓励外出务工人员回乡办企业（实体）的若干优惠政策》，建立返乡创业"一站式"办公体系，把返乡创业企业纳入县中小企业融资范围，还专门开辟了"返乡创业园"构架创业平台，为返乡创业者在用地、建设、税费等方面提供优惠。具体有以下四条措施： 1. 宣传发动。通过在外务工创业集中地召开返乡创业专题招商会、乡镇村干部及亲属对接招商、返乡创业典型示范宣传等鼓励更多群众返乡创业和投资发展。 2. 创建平台。坚持边规划、边建设、边管理、边招商、边发展、边见效的园区建设管理模式，在全县条件较好、在外务工创业人员多的乡镇，分别设立返乡创业分园及示范点，着力解决好用工、用地、用料、用钱等问题，为返乡创业创造有利条件。开县规划建设的30平方公里的"中国西部（开县）返乡创业园"，将解决就业40万人，实现总产值500亿元。 3. 创业培训。坚持"包吃包住免学费"的原则，利用春节期间，开展返乡创业"万人返乡创业工程"人才集中培训。自2009年以来，该县投入资金80万元，对2 300人实施了就业创业培训。 4. 优化环境。建立专项督查组，严肃查处损害发展环境、阻碍返乡创业的人和事。目前，全县农民工返乡创业创办实体经济已累计达到10 636户，总投资46.8亿元，带动城乡就业11.49万人。

表5-34 甘肃省市县关于回流的地方政策和做法

甘肃省政策
2009年，甘肃省政府出台了《甘肃省引导鼓励农民工回乡创业的意见》（以下简称《意见》），力争到2012年，甘肃省回乡创业农民工达到30万人以上，创办各类经济实体30万个以上，辐射带动240万劳动者实现就业。《意见》表明甘肃大力实施回乡创业工程的决心，主要内容包括完善以小额贷款、税费减免、场地安排、创业培训为主的回乡创业扶持政策体系。重要优惠政策如下： 1. 对于农民工返乡创业的门槛，《意见》明确放宽准入条件，为创业者开通"绿色通道"。 2. 从事个体经营3年内免收属于省内权限的管理类、登记类和证照类等有关行政事业性收费。 3. 为返乡农民工提供廉租厂房。 4. 对农民工回乡创业给予最高5万元的小额担保贷款。

续表

甘肃省内部分市县政策			
兰州市	张掖市山丹县	天水市甘谷县	酒泉市金塔县
2010年发布了《兰州市人民政府关于进一步促进以全民创业带动就业工作的实施意见》，计划在3~5年内培训农民工6万人；每年农村劳动力自主创业、返乡创业力争增长100%以上，回乡创业人数达到2万人。 1. 加大财政支持，促进全民创业带动就业工作的展开。 2. 适当放宽返乡农民工创业的市场准入条件。 3. 完善政策支持，落实小额担保贷款、税费减免、社会保险补贴、公益性岗位补贴、就业服务补贴、场地安排等扶持政策。 4. 对于符合国家政策规定、有利于促进全民创业带动就业的项目，鼓励金融机构积极提供融资支持。 5. 鼓励、引导和支持兴办工业项目，大力发展现代农林畜牧业。	1. 建立外出务工人员技能需求台账，记录外出务工人员技能状况和需求。 2. 创新培训模式，以现场操作为主，积极为农民工输得出、用得上、挣得钱提供技能保障。 3. 收集劳务信息，与新疆、青海、甘肃阿克塞县等劳务基地的就业服务机构、劳务中介服务组织、培训机构联系，洽谈签订用工协议，达到以培训促输出、以输出带培训的目的。	甘谷县近10万返乡农民工找到了新的工作岗位，全县返乡农民工基本实现了"全就业"。 1. 加强劳动力输转培训，积极拓展新的劳务基地，提高有组织劳务输出比例，完成劳务培训1.1万人次，完成外地劳务输转8.2万人，其中有组织输转4.5万人。 2. 全面落实就业和再就业各项扶持政策，大力开发公益性就业岗位，完成城镇新增就业1 465人，城镇下岗失业人员再就业537人。积极开展就业服务援助，送政策、送技能、送服务、送岗位。实现城镇困难对象再就业191人。	金塔县按照"输出劳动力，引回生产力，输出打工者，引回创业者"的思路，从制度、政策、资金、创业平台等多方面加大对返乡创业人员的支持力度。目前，返乡后当上小老板的农民工在金塔县已有200多人，吸纳农村劳动力1 000多人。 1. 对外出务工人员进行调查摸底、登记造册，定期联系等方式，诚邀他们回乡创业。 2. 建立返乡创业"绿色通道"，在办理注册登记、项目申报、土地使用等方面简化相关手续。 3. 主动帮助回乡创业人员申请国家政策性资金，及时协调小额贷款或贴息贷款等信贷支持。 4. 各乡镇设立农民工返乡监测点，落实帮扶政策和维权服务。

文县政策和具体做法
据文县劳动和社会保障部门提供的数据显示，截至 2009 年 5 月中旬，1.5 万余名返乡农民工基本实现外出就业或本地就业创业，其中外地务工 0.2 万人，在本地就业创业达 1.3 万人。
1. 积极组织各乡镇劳务站和村级信息员，深入农村逐户展开调查统计，把返乡农民工的数量、返乡原因、就业愿望等情况摸清摸透。
2. 整合劳动、就业、教育、扶贫等政府和民间多元化培训资源，加大财政投入，免费开展失业返乡农民工转岗技能、种养业技术和灾后重建技工等针对性培训，提升新一轮输出人员择业竞争能力。
3. 抢抓地震后对口就业援助契机，以深圳为中心，建立了广东、北京、唐山、河北、山东、天津、上海、浙江劳务输出就业基地，与企业建立了良好的劳务输出协作关系，为外出务工人员提供了更多的就业关系。
4. 大力开发本地就业岗位，2009 年全县将开工 134 个重点建设项目和 1 000 个灾后恢复重建项目，总投资 60 多亿元，以这些项目建设为主线，为农民工就业提供信息和岗位储备，促进返乡农民工重新实现就业。
5. 发挥农村"蓄水池"吸纳就业的作用，在落实国家新的粮食收购政策、新的土地政策等一系列支农惠农政策的同时，根据县情实施回乡创业工程。截至目前，共成功引回 216 人，引回资金 1 203 万元，提供就业岗位 1 860 个，新增就业岗位 1 520 人。

（二）不同地区的回流群体内部构成不同

根据本研究对外出劳动力从回流视角进行的划分，就"较稳定回流"群体而言，四川金堂县、重庆开县、甘肃文县的情况有较大差异。其中，"较稳定回流"群体在金堂县样本中占 70.2%，开县样本次之，占 42.9%，文县样本中占比最低，只有 19.9%。相反，就"不回流群体而言"，占比排序由高到低为文县 55.4%、开县 40.7% 和金堂县 19.4%。简而言之，不同地区回流群体内部构成不同（见表 5-35）。

表 5-35　三地各自的回流情况

回流 地区	不回流	不稳定回流	较稳定回流
四川金堂县	19.4%	5.3%	70.2%
重庆开县	40.7%	15.8%	42.9%
甘肃文县	55.4%	22.6%	19.9%

（三）不同区域的"较稳定回流"群体对回流政策的评价不同，来自较稳定回流更多地区的样本对家乡就业创业政策评价更高

如表5-36所示，在对哪儿的就业创业政策更好及对家乡就业创业政策成效的评价进行分析后发现，二者均与区域因素有关，也就是说，来自不同地区的样本对就业创业政策的本地和异地比较及对家乡就业创业政策的看法不同。具体来说，认为家乡就业创业政策好过外面和家乡就业创业政策多少有些成效的区域排名：第一是四川，第二是重庆，第三是甘肃。这与上述两个前提条件——不同区域的回流政策有所不同、不同区域的回流群体构成不同——在方向上具有一致性，四川、重庆、甘肃三地的回流政策有所差异，三地回流群体的内部构成也有差异，同时三地样本对政策的评价也明显有别。以较稳定回流情况来看，虽然还不能断言地区性的回流政策与地区性的较稳定回流相对比例之间的因果关系，但是可以肯定的是，二者至少正向相关，回流政策的成效影响稳定回流的数量（见表5-37、表5-38、表5-39）。

地方回流政策对农村外出劳动力回流的影响，通过回乡创业者的反馈也可见一斑。

"沿海经常闹民工荒，各种创业成本也越来越高。而家乡不仅为我们提供了良好的发展平台和优惠的政策，政府还要免费为我们培训工人，如今县委书记还亲自登门邀请我们回乡创业，两相对比，高下立判。"——深圳市宏昌鞋厂厂长夏国军

"成都很多地方我都去考察过，论条件，土桥根本算不上理想，但金堂和土桥政府的政策、服务打动了我们。现在我已经安心、放心且有信心办好企业了！"——成都金吉鸟制鞋有限公司经理王辉

"当地人力资源丰富，政府对返乡创业的扶持很多，投资环境不错。"——重庆开县赵家工业园区鑫泰电子公司厂长易炳绪

表5-36　三地与就业创业政策哪儿更好交互表

			觉得哪儿的就业创业政策更好		合计
			外面	家乡	
三地	重庆	计数	109	57	166
		三地中的 %	65.7%	34.3%	100.0%
		觉得哪儿的就业创业政策更好中的 %	38.4%	30.8%	35.4%

			觉得哪儿的就业创业政策更好		合计
			外面	家乡	
三地	四川	计数	59	103	162
		三地中的 %	36.4%	63.6%	100.0%
		觉得哪儿的就业创业政策更好中的 %	20.8%	55.7%	34.5%
	甘肃	计数	116	25	141
		三地中的 %	82.3%	17.7%	100.0%
		觉得哪儿的就业创业政策更好中的 %	40.8%	13.5%	30.1%
合计		计数	284	185	469
		三地中的 %	60.6%	39.4%	100.0%
		觉得哪儿的就业创业政策更好中的 %	100.0%	100.0%	100.0%

表 5-37　三地与就业创业政策哪儿更好的方向度量

			近似值 *Sig.*
按标量标定	Lambda	对称的	0.000
		三地 因变量	0.006
		觉得哪儿的就业创业政策更好因变量	0.000
	Goodman 和 Kruskal tau	三地 因变量	0.000
		觉得哪儿的就业创业政策更好因变量	0.000
	不定性系数	对称的	0.000
		三地 因变量	0.000
		觉得哪儿的就业创业政策更好 因变量	0.000

表 5-38　三地与家乡就业创业政策成效评价交互表

			觉得家乡就业创业政策成效如何		合计
			基本没啥成效	多少有些成效	
三地	重庆	计数	17	152	169
		三地中的 %	10.1%	89.9%	100.0%
		觉得家乡就业创业政策成效如何中的 %	32.1%	34.9%	34.6%
	四川	计数	14	163	177
		三地中的 %	7.9%	92.1%	100.0%
		觉得家乡就业创业政策成效如何中的 %	26.4%	37.5%	36.3%
	甘肃	计数	22	120	142
		三地中的 %	15.5%	84.5%	100.0%
		觉得家乡就业创业政策成效如何中的 %	41.5%	27.6%	29.1%
合计		计数	53	435	488
		三地中的 %	10.9%	89.1%	100.0%
		觉得家乡就业创业政策成效如何中的 %	100.0%	100.0%	100.0%

表 5-39　三地与家乡就业创业政策成效评价的方向度量

			近似值 Sig.
按标量标定	Lambda	对称的	0.005
		三地因变量	0.005
		觉得家乡创业就业政策成效如何 因变量	0.006
	Goodman 和 Kruskal tau	三地 因变量	0.002
		觉得家乡就业创业政策成效如何 因变量	0.003
	不定性系数	对称的	0.003
		三地 因变量	0.003
		觉得家乡创业就业政策成效如何 因变量	0.003

第五节　回流原因的多项逻辑斯蒂回归模型

前面我们对影响农村外出劳动力做出流向决定的重要"拉力"因素进行了粗略分析，认识到这些"拉力"因素对"不回流"群体、"不稳定回流"群体、"较稳定回流"群体有不同的"拉动"效果。但要较为精准地了解农村外出劳动力回流的具体原因及"不回流""不稳定回流"和"较稳定回流"间的原因差异，还需要建立数学模型。

一、建立模型

因变量：对农村外出劳动力回流的研究，大多采用二分法，即"回流"和"不回流"。与已有研究不同，本研究将有外出务工经历的农村劳动力从回流的视角分为三种情况："不回流""不稳定回流"和"较稳定回流"。其中"较稳定回流"是我们重点关注的一种回流。"不回流"在问卷中指"回来过年"或"回来办事"。"不稳定回流"指"务农"或"正在找工作"。"较稳定回流"指"已在家乡工作"或"正在家乡创业"。

自变量：对劳动力回流原因的研究在学界主要有四种，包括失业回流、个人或家庭原因回流、制度原因回流、创业回流。本研究从问卷调查和前期实地访谈的情况出发，更为倾向于农村外出劳动力流动取向的主体作用，并同时考虑区域经济发展水平对流向可能的影响，基于此，将自变量分为四大类因素：一是区域经济发展水平，根据 2009 年城乡居民人均 GDP，我们将金堂县、开县、文县三个调研点的经济发展水平相对划分为高、较高和较低三档。二是外出特征，包括外出人员结构和最近一次外出打工时间长度 2 个特征。三是个体特征，包括性别、年龄、受教育年限、婚姻、外出打工月收入、手艺等 6 个特征。四是家庭特征，包括家庭人口数、家庭劳动力数、人均土地、是否有需要赡养的老人、孩子数、家庭去年毛收入等 6 个特征。

研究方法：使用 SPSS18.0 作为分析工具，根据回流程度分为"不回流""不稳定回流"和"较稳定回流"三种，以"不回流"为参照组，利用多项 logistic 回归模型进行回流程度的影响因素分析（见表 5-40）。

表5－40　模型最终变量简况表

变量名	变量解释
被解释变量	
回流程度	1＝"不回流"；2＝"不稳定回流"；3＝"较稳定回流"
解释变量	
地区经济发展水平	1＝"四川"；2＝"重庆"；3＝"甘肃"
个体特征	
1. 性别	0＝"男"；1＝"女"
2. 年龄	1＝"≤30岁"；2＝"31～36岁"；3＝"37～42岁"；4＝"43岁＋"
3. 受教育年限	1＝"≤6年小学及以下"；2＝"7～12年即初中至高中"；3＝"≥13年即大学及以上"
4. 婚姻	0＝"没成婚"；1＝"成婚了"
5. 外出打工月收入	1＝"≤1 000元"；2＝"1 001～1 600元"；3＝"1 601～2 200元"；4＝"2 201～2 800元"；5＝"2801元＋"
6. 手艺	0＝"没有"；1＝"有"
家庭特征	
7. 人均土地	1＝"≤1亩"；2＝"1＋"
8. 孩子数	1＝"≤2个"；2＝"3＋"
9. 家庭去年毛收入	1＝"≤13 000元"；2＝"13 001～21 000元"；3＝"21 001～29 000元"；4＝"29 001～37 000元"；5＝"37 001元＋"

二、模型结果与解释

本课题使用的数据来自本课题组对川渝陇三地农村劳动力外出务工典型县的600份问卷调查。表5－41是回流原因的多项逻辑斯蒂回归模型参数估计结果。

表5-41 分别以"不回流"和"较稳定回流"为参照的多项回归参数估计结果

	"较稳定回流"（以"不回流"为参照）			"不稳定回流"（以"不回流"为参照）			"不稳定回流"（以"较稳定回流"为参照）		
	B	明显水平	$Exp(B)$	B	明显水平	$Exp(B)$	B	明显水平	$Exp(B)$
截距	-0.453	0.655		-0.879	0.541		-0.427	0.759	
三地="四川"	2.528	0.000	12.531	-0.455	0.385	0.635	-2.983	0.000	0.051
三地="重庆"	1.437	0.001	4.207	-0.02	0.964	0.98	-1.457	0.004	0.233
三地="甘肃"	0	.	.	0	.	.	0	.	.
性别="男"	-0.672	0.006	0.511	-0.425	0.184	0.653	0.246	0.45	1.279
性别="女"	0	.	.	0	.	.	0	.	.
年龄="≤30"	-1.021	0.017	0.36	-1.039	0.057	0.354	-0.018	0.973	0.982
年龄="31~36"	0.281	0.497	1.324	-0.145	0.771	0.865	-0.426	0.37	0.653
年龄="37~42"	-0.176	0.654	0.839	-1.041	0.037	0.353	-0.866	0.077	0.421
年龄="43+"	0	.	.	0	.	.	0	.	.
受教育年限="≤6年即小学及以下"	-1.654	0.037	0.191	0.545	0.665	1.724	2.199	0.063	9.018
受教育年限="7~12年即初中至高中"	-0.967	0.201	0.38	-0.369	0.766	0.692	0.599	0.606	1.819
受教育年限="13+即大学及以上"	0	.	.	0	.	.	0	.	.
婚姻="没成婚"	-0.188	0.596	0.829	-0.392	0.402	0.676	-0.204	0.689	0.815
婚姻="成婚了"	0	.	.	0	.	.	0	.	.
外出打工月收入="≤1 000"	0.52	0.211	1.682	0.541	0.358	1.718	0.021	0.973	1.021

续表

	"较稳定回流"（以"不回流"为参照）			"不稳定回流"（以"不回流"为参照）			"不稳定回流"（以"较稳定回流"为参照）		
	B	明显水平	Exp(B)	B	明显水平	Exp(B)	B	明显水平	Exp(B)
外出打工月收入="1 001~1 600"	0.775	0.075	2.172	1.011	0.09	2.748	0.235	0.701	1.265
外出打工月收入="1 601~2 200"	0.314	0.428	1.369	0.007	0.99	1.007	-0.307	0.607	0.736
外出打工月收入="2 201~2 800"	2.042	0.003	7.707	1.631	0.065	5.11	-0.411	0.612	0.663
外出打工月收入="2 801+"	0	.	.	0	.	.	0	.	.
手艺="没有"	-0.262	0.281	0.77	-0.034	0.917	0.967	0.228	0.484	1.256
手艺="有"	0	.	.	0	.	.	0	.	.
人均土地="<=1亩"	-0.921	0.022	0.398	-0.223	0.617	0.8	0.698	0.162	2.009
人均土地="1+"	0	.	.	0	.	.	0	.	.
孩子数="<=2个"	1.179	0.029	3.251	0.021	0.968	1.021	-1.158	0.061	0.314
孩子数="3+"	0	.	.	0	.	.	0	.	.
家庭去年收入="<=13 000"	0.813	0.031	2.254	0.902	0.1	2.464	0.089	0.872	1.093
家庭去年收入="13 001~21 000"	0.015	0.967	1.015	0.712	0.18	2.037	0.697	0.2	2.008
家庭去年收入="21 001~29 000"	-0.227	0.671	0.797	0.384	0.61	1.468	0.611	0.44	1.843
家庭去年收入="29 001~37 000"	0.316	0.4	1.371	0.906	0.098	2.474	0.59	0.294	1.804
家庭去年收入="37 001+"	0	.	.	0	.	.	0	.	.

注："."约等于0，小于0.001。

（1）以"不回流"为参照，从区域来看，四川和重庆的样本都更倾向于"较稳定回流"，以四川金堂县更为显著，就"较稳定回流"而言，四川金堂县是重庆开县的12.531倍。同时，川渝陇三个县级调研点的经济发展水平恰好是金堂县最高，开县次之，文县较低。这在某种程度上也支持了经济发展水平高的地区的农村剩余劳动力多就地转移，经济发展水平较低的地区则倾向于异地就业（张务伟，2017）。换言之，经济发展水平高的区域，可能为返乡者提供更多的工作岗位和更好的创业环境，因此在这样的区域"较稳定回流"就更多一些。同样，以"不回流"为参照，区域发展水平对"不稳定回流"没有明显影响。但以"较稳定回流"为参照时，"不稳定回流"在不同区域有明显差异，四川和重庆的样本都更倾向于"较稳定回流"。

（2）以"不回流"为参照，从性别来看，B值为负，明显水平（P＝0.06）在0.05以上，即男性比女性更倾向于"不回流"而不是"较稳定回流"。这也支持了罗明忠的观点，女性在婚姻家庭生活中要更多地承担生育、照顾家人的责任，不得不从外出务工的行列中退下来（罗明忠，2017）。而不管是以"不回流"为参照，还是以"较稳定回流"为参照，性别对"不稳定回流"都没有明显影响。

（3）以"不回流"为参照，从年龄来看，B值为负，明显水平（0.017）在0.05以上，即30岁及以下的农村外出劳动力更倾向于"不回流"而不是"较稳定回流"。同时，以"不回流"为参照，B值为负，明显水平（0.037）在0.05以上，37～42年龄段的农村外出劳动力更倾向于"不回流"而不是"不稳定回流"。我们推测，对于30岁及以下"新生代"农村外出劳动力来说，正如贺雪峰在《农民外出务工的逻辑》（贺雪峰，2010）一文中所说，他们"成长在一个务工已经成为常态，农村年轻人几乎不可能留在农村而不外出务工的时代"，因此他们的直觉选择就是出去，到外面去。对于37～42年龄段，我们认为也许是因为家庭负担重，且认为外面挣钱机会更多，所以表现出更强的"不回流"倾向。有意思的是，假如我们将明显水平降到0.1，那么这个年龄段的样本，就会更倾向于"较稳定回流"而不是"不稳定回流"（B值为负，明显水平0.077）。但我们无法判断是因为外面就业失败被迫回乡还是在外面学到技术、拥有一定人力和财力资本后主动留在家乡就业或创业。

（4）以"不回流"为参照，从受教育年限来看，B值为负，明显水平（0.037）在0.05以上，即小学6年级以下的样本更倾向于"不回流"而不是"较稳定回流"。假如把明显水平降到0.1，那么小学6年级以下的样本更倾向于"不稳定回流"而不是"较稳定回流"（B值为正）。显然，似乎受教育程度低的人不倾向于留乡状态，或者说不倾向于就地转移。这与赵耀辉1997年提出的农村转移剩余劳动力中，受教育程度高的人倾向于就地转移的判断暗合。我们推测是因为受教育程度低的人群，倾向于去就业机会更多的地方寻找工作，而外面正好被赋予了这种期望。

（5）以"不回流"为参照，从外出打工月收入来看，B值2.042为正，明显水平（0.003）在0.05以上，即外出打工月收入在2201~2800元档的样本更倾向于"较稳定回流"而不是"不回流"，且 Exp（B）=7.707，表明对于"较稳定回流"，外出打工月收入在2201~2800元档的是收入在2800元以上的7.707倍。我们认为，外出打工月收入在2201~2800元是相对较高的收入水平，有这样收入水平的农村外出劳动力应该是已经在打工地成长为熟练工的人群，这与我们在金堂县、开县两地创业园区了解到的情况也一致，已经在园区工作的回乡务工人员一般都有制鞋、制衣、电子制造等手艺，且大多是流水线上的"熟手"。

（6）以"不回流"为参照，从人均土地亩数来看，B值为负，明显水平（0.022）在0.05以上，即人均土地1亩及以下的更倾向于"不回流"而不是"较稳定回流"。对此，非常易于理解。中国农村剩余劳动力最开始转移的原因也莫过于此，人均土地量少，无需家庭劳动力全部投入，因而才出现向其他产业、其他地方转移的现象。

（7）以"不回流"为参照，从孩子数来看，B值为正，明显水平（0.029）在0.05以上，即孩子数在2个及以下时，样本更倾向于"较稳定回流"而不是"不回流"，且 Exp（B）=3.251，表明对于"较稳定回流"，孩子数在2个及以下的样本是孩子数是3个以上的3.251倍。以"较稳定回流"为参照，如果将明显水平降到0.1，B值为负，那么孩子数在2个及以下的更倾向于"较稳定回流"而不是"不稳定回流"。为什么有2个及以下孩子的样本倾向于"较稳定回流"？首先这些孩子的父母年龄一般在35~40左右，与农村传统多生的观念有所不同，他们会有意识地将生育数量控制在2个以内，以便能尽己所有提高孩子的教育质量。但对他们而言，外出务工地的教育成本过于高昂，同时稀少的农民工子弟校教育质量又令人担忧，这就迫使他们不得不把适学儿童留在家乡，而"留在家乡上学就需要家长随时回家关照"（张辉金等，2015），所以2个及以下孩子是影响"较稳定回流"的重要原因。

（8）以"不回流"为参照，从家庭去年的收入来看，B值0.813为正，明显水平（0.031）在0.05以上，即家庭去年收入在13000元及以下的更倾向于"较稳定回流"而不是"不回流"。这个结论粗看似乎与外出打工月收入在较高档次的人群倾向于"较稳定回流"相悖，但仔细分析并非如此。家庭去年收入，按我们调查的时间来看，受访者实际回答的是 2009 年的家庭年收入，这里需要强调的是调研点有曾遭受泥石流、地震等自然灾害影响的经历，特别是甘肃文县，当地人民群众的收入水平正处于恢复提高阶段，同时由于重建家园、修葺房屋及家庭凝聚感增强等原因，那些家庭收入降到较低水平的人员做出了留在家门口的决定。而调研点中的金堂县虽然没有像邻近的都江堰、彭州、崇州那样受到地震灾害的直接影响，但地震对外出务工人员的心灵震撼及就近参加受灾地区重建的意愿也可能促使他们做出守在家人身边的决定，即使就近务工会影响家庭收入整体水平。

（9）以"不回流"或"较稳定回流"为参照，婚姻状况和手艺状况都对"较稳定回流"或"不稳定回流"没有明显影响。就婚姻状态而言，已婚者并不必然做出"较稳定回流"的决定，特别是对那些尚无孩子需要抚养的夫妻来说，他们并不会因为已婚而做出一方或双方不外出务工的决定。就有无手艺来说，劳动者技能的提高并不意味着必然做出"较稳定回流"的决定，他们更可能做出的决定是，哪里有适合的岗位就去哪里，既不排除对家乡的选择，也不排除对外面的选择。

第六章　农民工转移与经济社会发展

第一节　城市发展与农村劳动力转移

在中国，农民工问题不仅仅是一般层面上的人口问题、就业问题和经济问题，也不仅仅关系着农民工群体的切身利益，它还影响着我国社会事业的发展、政治局势的稳定，关系到中国的现代化事业能否顺利推进。2017 年因受金融危机的冲击，农民工问题又出现了一系列的新状况，凸显出农民工问题背后的深层矛盾。政府为此制定了一系列的政策来应对，体现了中国政府改变农民工现状的巨大决心。

因此，如何认知和评价具有中国特色的城市化进程中的农民工问题，如何把握我国农民工问题的自身发展规律和客观趋势，如何正确对待农民工的经济社会效用，包括发挥农民工进城就业的正面效应以及消除其负面效应，构筑社会主义市场经济条件下的农民工社会支持体系，制定符合经济发展规律与我国国情的宏观社会经济政策，对于处在工业化和城市化加速发展阶段的中国来讲，具有重要的理论价值和实践意义。

一、农民工进城就业对我国经济增长的贡献

目前，中国仍然处于工业化的中期阶段。顺应第一产业比重下降和农业劳动生产率提高的要求，农村中大量剩余劳动力必须转移出来，而二、三产业的发展会提供大量的就业岗位，所以农村劳动力就必须向非农产业转移。与此相适应，1992 年以来，便有大量的劳动力走出农村，进入城镇。农村劳动力转移为我国产业结构调整提供了足够的劳动力资源。从总体上看，我国产业结构调整表现为第一产业比重不断下降，二、三产业比重不断上升，而农业劳动力表现为农业就业的人数不断下降。

根据《中国统计年鉴》（2009）、中国统计公报（2009）的数据，从产业结构调整的速度与农业劳动力转移速度上看，二、三产业的比重由 2008 年占国

民生产总值的 84.9％上升到 2009 年的 88.7％，劳动力在第一产业的比重由 2008 年的 50.0％降低到 2009 年的 40.8％。劳动力转移的速度稍快于产业结构调整速度，但总体保持基本同步。由此可见，我国产业结构调整表现的趋势与我国农村劳动力转变的趋向是一致的。

下面我们做具体的分析：

从第一产业的角度看，传统种植业的生产效率低，需要投入的劳动力和劳动时间较多，这种低效率的生产方式将大量的农村劳动力束缚在土地上，导致种植业产出的利益低，农民收入低，增收难。而农业劳动力的转移可以带动农业内部结构调整，可以推动农村土地实现规模经营，少数留守农村的劳动力可以充分利用农业资源来发展多种农业，以促进农业内部结构的协调发展和不断优化，尤其是有利于高效、高产、高质农业的发展。

从第二产业的角度看，农村劳动力在第二产业主要是集中在建筑业和一些劳动力密集型产业。20 世纪 90 年代以来，中国劳动密集型就业在国际上具有一定的比较优势，产品在国际上的成本竞争力就源于中国廉价的劳动力资源。同时，轻工业的发展也为那些缺乏劳动技术和知识能力的农民提供了就业岗位。由此可见，第二产业发展需要有足够的劳动力资源作为后盾，而我国丰富的劳动力资源在促进我国工业的发展中也做出了巨大贡献。

从第三产业的角度看，该产业（主要是服务性就业）的兴起对中国劳动力产生了大量的需求，农村劳动力中有很大一部分转移到第三产业。据调查，从农村转移出去的劳动力中，转移到第三产业的占 60％。在转移到第三产业的劳动力中，转移到批发和零售商贸业的占 17％，转移到居民服务业的占 15％，转移到交通运输业的占 12％，转移到住宿、餐饮、娱乐、文化、教育、体育等其他行业的占 56％。由此可见，农村转移劳动力，特别是较为年青的劳动力，为第三产业的发展提供了丰富的劳动力资源。

二、农民工进城就业对中国经济的负面影响

（一）城市压力问题

农民工的大量流入，给城市带来巨大的压力。我国大中城市基础设施本来就大大落后于经济的发展，短短几年的时间数千万农民工涌进城市，使城市不堪重负。城市面临两大难题：①供应压力加大。②环境污染加重。我们以 10 万流动人口计，每天有 10 万千克垃圾和 2 300 万千克污水排放。特别是一些城乡接合部地带，政府的垃圾管理力不能及，导致到处垃圾如山。但凡人口流

动量大的车站码头，抛撒的垃圾更是恶臭熏天；一些农贸市场的摊主和沿街为市的商贩乱扔残叶、杂物，浓痰、鼻涕随地乱吐，甚至随地小便，给创建卫生城市增加了难度。③城市交通负担加重。据调查，流动人口在大城市的总出行率一般在80%以上，且大都集中于城市中心区，其中靠公共交通工具的出行量占城市居民出行量的60%以上，即有2/3的流动人口依靠于城市公共交通工具，使本来就突出的城市交通问题更为严重。

（二）人口问题

现行制度对流动人口缺乏有效的管理措施，城市因此成为部分农民工"超生"的隐蔽所。随着农民工大量进入城市，农民工在城市的生育数量逐年增加。国家计划生育委员会不久前成立了农民工计划生育和生殖健康专题调研小组，赴江苏、浙江、广东3个农民工流入人口大省和河南、湖南、四川3个农民工流出人口大省，针对农民工计划生育管理和服务工作存在的问题进行了农民工计划生育和生殖健康专题调研。调查显示，农民工计划外生育约占各地犯罪生育总量的50%~80%，出生人口性别比高于户籍人口。另外，农民工犯罪生育比例高，已成为各地计划生育工作难点之一，在各地犯罪生育统计数据中，农民工犯罪生育所占比例为50%~80%。

总的来说，由于流入地经济社会发展水平和社会文明程度普遍高于流出地，对农民工婚育观念有积极的影响。他们中绝大多数人外出务工的主要目的是增加收入，改善家庭生活，并不想多生孩子。农民工犯罪生育比例高很大程度上是因为对农民工计划生育的管理和服务不到位，未提供有效的避孕节育措施。但也不可否定，进城的农民工中也有少数以超生为目的的。

（三）社会治安问题

近年来，农民工犯罪问题日渐突出，在有些地区甚至成为影响社会治安的主要因素，引起广泛关注。农民工犯罪大致可分为以下几种情况：

（1）自救式犯罪，指当民工的生存、发展受到威胁或合法权益遭受损害时，他们以犯罪的方式来保护自己的权利或权益。农民工自救式犯罪，主要有以下三种形式。

1）"顺手牵羊偷盗型"：拿不到工资的农民工将工作单位的产品或材料偷出变卖。

2）"勃然大怒冲动型"：拿不到工资的农民工纠集一帮同乡兄弟去老板那里讨工钱，遭拒绝时发生砸东西和打架斗殴的行为，严重者构成故意损坏财物罪、损坏生产经营罪或故意伤害罪。

3）"以恶制恶暴力型"：以暴力对拖欠工资的老板及其家属进行直接的报复，严重者常常酿成故意杀人、故意伤害致人重伤以及抢劫、绑架等恶性案件。

农民工犯罪出现的"自救"特征说明，社会保障的不公平和自身权益不能得到有效保护是导致农民工犯罪的重要社会原因。

有些农民工在进入城市后找不到工作，生活没有着落，有的碍于面子不肯回农村，有的甚至连回去的路费都没有，因而"被逼"干起强盗、抢劫的勾当。

（2）有些农民工犯罪与城市人对他们的歧视和"世道不公"息息相关。农民工在收入、福利、劳动条件、居住条件、子女入学等方面与城市人有着巨大的差距，他们眼巴巴地望着缤纷多彩的城市，再瞧瞧自己的处境，难免会感到生活对自己和对自己所属的群体、阶层的不公平。由于这种不公平，一些农民工心里的宁静被打破，变得烦躁不安起来，因而不同程度地产生了对城市的仇视。他们认为，通过务工劳动等正常途径改变现状的可能性非常小，个别人就做出一些破坏行为或偏激行为，并以此来实现财富的转移和精神上的满足。

（3）农民工在犯罪活动中往往利用同村、同乡、同县等所谓的老乡关系为纽带，拉帮结伙，组成松散或紧密的团伙进行犯罪，形成偷盗、销赃、制黄贩黄、拐卖妇女儿童等团伙。当前农民工犯罪较多地表现为团伙性，农民工两人以上实施共同犯罪的事例往往很多，这与他们的流动性有关。农民工从农村走进城市多表现为成群结队，他们中绝大多数是老实巴交、为人厚道的农民，但是他们之中一旦有人大胆贸然施行犯罪，获得"意外"的收获，却又能够躲避法律制裁，另一部分同乡、同行者往往被引诱并参加其共同犯罪的行列。

（4）一些农民工到了城市后，会在以下方面出现缺损：

1）远离亲人，感受不到亲情的温暖。

2）孤身在外，爱人不在身边，长期得不到性的释放与愉悦。

3）普遍缺乏正常的文化娱乐活动，精神紧张等得不到释怀。

4）向往纸醉金迷、醉生梦死的"都市生活"，进城后就力求过上这类生活。这些缺损使得一些农民工躁动难安、孤寂难耐，又找不到合适的途径去释放，久而久之便会滋生出犯罪的心理。

（四）社会成员之间的矛盾问题

城市中大量农民工的流入，导致中国城乡关系变化和社会群体利益关系的重组,使社会成员之间发生新的矛盾与摩擦。

(1)二元用工制度下的不平等竞争造成民工与职工之间的矛盾。传统的用工制度使来自城镇的职工与来自农村的农民工在社会地位、职位选择和经济收入方面存在着明显的差距。城市员工一般可以凭借"城市人"的特殊身份把持一些条件好的工作岗位,获得比农民工高的工资和奖金,并可以享受单位提供的住房、公费医疗等福利。而民工大多在生产第一线,工资收入较低,单位的奖金、公有住房等也与他们无缘。这使农民工和职工在工作中明显处于一种不平等的竞争中。这种由二元用工制度造成的不平等竞争一方面助长了部分企事业单位职工的优越感和惰性,增加了他们对民工的歧视,加重了民工与职工之间的矛盾;另一方面也挫伤了民工的劳动积极性,使他们自然而然地发出一种社会不公、被剥夺、被冷落的感觉,从心理上感到极大的不平衡。

(2)城乡关系的变化引发农民工与市民的利益冲突。改革开放以后,随着城乡分割体制的逐步松动,我国城乡关系出现新的变化。大批农民工涌入城市,打破城市市民掌控全局的局面,农民工也开始享受城市的各项服务设施,分享市民阶层的利益,这不免引起市民和农民工的利益冲突。特别是农民工进城以后,他们对就业岗位和劳动条件不挑剔,自身劳动力价格又低廉,对城市劳动力市场造成巨大的冲击,使不少城市人感受到就业竞争的压力。目前,在我国国有企业调整产业结构,城市出现大批下岗员工的情况下,农民工的廉价竞争进一步加重了市民与农民工之间的矛盾。因此,市民在与农民工的交往中,大部分人有意无意地流露出一股"排农"态度,时刻维护着市民的"尊严"和既得利益,使农民工清晰地感受到自己在城里是"外来者"。

(3)政府管理一时失效,使民众与政府之间的矛盾加剧。大量农民工进城使政府管理面临着严峻挑战,原有城市管理体制受到猛烈冲击。面临巨大的人口压力,政府行政能力毕竟有限,许多管理措施不到位,大量问题防不胜防,在管理中不可避免地出现一些混乱与失序,引起农民工和市民的强烈不满。农民工的不满主要集中在社会治安、交通拥堵、合法权益得不到保障等方面。他们对政府工作人员的工作作风、工作态度等也颇有意见。而市民则认为,政府对因大量民工进城,城里出现的各式各样的"城市病"解决不力,使许多问题没有得到妥善解决,损害了他们的切身利益。最近几年,我国许多城市所进行的民意检测显示,当前市民对政府工作最不满意的地方主要集中在社会治安、交通拥堵和环境污染等问题上,这些问题都与农民工进城和政府管理失效有关。

三、解决农民工进城就业问题，促进我国经济发展的建议

（一）改革原有户籍制度

（1）从各类城镇的实际经济发展水平吸纳不同素质劳动力就业的潜力出发，同时考虑目前各大中城市的就业压力，分别在小城市、中等城市、大城市中建立不同的"门槛"，办理流动人口的暂住和常住户口，实现流动人口的合理、有序、适度转移。设立"门槛"的标准以流动人口的教育程度、所学专业、专长、年龄、以往成果、个人在城市的投资规模为基础。对于那些在城市中有稳定收入、合法固定的住房，在现居地居住两年以上的事实常住人口，可以允许其申请城市常住户口。

（2）应当允许常住户口、暂住户口与寄住户口这三种户口形式并存。对于流动人口，流入地应基于其意愿、工作和居住条件等为其办理暂住或常住户口，将其纳入城市管理体系，并对拥有常住户口与暂住户口的人员规定相应的权利和义务，使之公平地享受社会保障等权利。

（3）应当逐渐废除以前的静态式管理，而应以动态式管理为主，实行证件化管理，即以身份证替代户口簿，把管理重点从户口转向人。随着流动人口的增加，利用身份证的人口动态管理显得必要又迫切。但是，鉴于中国目前的具体形式，应结合两种管理方法。

（4）可以采取递进式的改革方案，例如放宽农村户口向小城镇、中小城市转移的限制，在取得部分突破的基础上再循序展开。

总之，中国的户籍制度改革应当是渐进式、梯度式的，不能朝令夕改，不然会破坏农村和城市原有的经济秩序，引发一系列社会问题。

（二）形成城乡统一的劳动力市场

目前，大规模的农民工涌入城市，但他们主要是自主择业，这实际上是一种市场化的就业方式。今后，只有充分发挥市场机制在配置劳动力资源方面的基础作用，才有利于最大限度地开拓就业渠道。应当看到，目前劳动力市场的发展程度还不高，特别是劳动力供求信息的搜集与发布、劳动力市场中介组织发展、劳动就业服务体系、劳动就业法律法规体系和就业制度等方面，还未能满足大量农民工进城就业的需求。

1. 大力发展多种形式的劳动就业中介组织

逐级形成包括就业信息、咨询、就业介绍、培训在内的社会化的就业服务

体系，帮助农民工正确判断转移成本、收益和风险，以减少因盲目流动而遭受的损失。要大力发展连接劳动力供求双方的就业介绍机构，加速劳动力市场信息网络建设；采取政府和民间等多种形式，发展农村劳动力的专业技术培训、文化素质和职业教育培训，增强农民的就业适应能力；要制定和完善劳动法规和劳动力市场的管理制度，规范市场主体行为，使企业和劳动者双方的合法权益都得到保障。其重点是规范非公企业的用工制度，加强对劳动者的保护。目前，城市非公有企业特别是民营企业，其不规范用工的行为十分普遍。劳动者的基本权利，包括工资发放、工时、安全卫生、最基本的保险和福利待遇等无法得到保障，随意解雇劳动者的现象时有发生。这既不利于农村剩余劳动力向城市的稳定转移，也严重损害了农民工的利益。对此，应尽快规范民营企业的用工行为，加强民营企业工会的建设，在民营企业建立群体谈判制度，严格执行最低工资制度和国家的各项劳动基准制度。

2. 要规范和完善政府对劳动力市场的管理

面对大规模农村剩余劳动力流动给交通运输、城市基础设施、社会治安和计划生育等造成的压力，很多流入地区的地方政府出台了严格限制外来农民工的政策，但在健全劳动力市场规则和保障外来打工者权益方面都存在着诸多空白和不完善的地方。流出地区的政府管理也存在着各种各样的问题，许多地区对本地区外出务工农民的情况掌握甚少，在组织和培训方面所做的工作较少。全国范围的政府管理比局部地区的政府管理起步更晚，管理的空白很多。自劳动部公布了《农村劳动力跨省流动就业管理暂行规定》以来，政府又连续推出一系列政策，目的是加强对流动农民工的管理。但是，在实施办法、组织协调和保障权益等方面还很欠缺。完善和规范政府管理，必须建立一整套促进农民工跨地区流动的市场组织体系，以及保障就业者权益的法规和制度体系。

（三）建立城乡统一的社会保障制度

由中国二元经济结构而形成的二元社会保障体系，使农民工基本上被排斥在城市社会保障体制之外。农民工虽然生活就业在城市，与当地人一样为城市的经济发展做贡献，却只能成为漂泊在城市的边缘群体，不能享受城市的社会保障，严重阻碍了人口城市化的进程。因此，解决农民工社会保障问题势在必行。在具体的执行层面，应该遵循循序渐进、分层分类、灵活统一的制度。也就是说，先对农民工进行适当的分类，对达到规定的居住年限及有相对固定住房和单位的农民工，给予享受本市居民权益的资格条件，并正式纳入当地的社会保障体系，而对不符合条件的则另调方案加以解决，并视具体情况逐步纳入。并且，针对农民工的社会保障制度应该与现行的社会保障制度相衔接，同时应是全国统一的，而不是地方性的。这是由于：一方面，农民工的高流动性决定了其社会保障政策必须有相对的统一性；另一方面，农民工的社会保障政策（以养老保险为例）如果全国不统一，养老保险可能演化为一种不确定的强制储蓄，从而失去这项政策的本源意义。目前，农民工最需要的社会保障项目应当优先建立，如工伤保险、大病医疗保险、养老保险以及必要的社会救助制度等。

1. 实行低费制的农民工医疗保险或合作医疗制度

农民工大都为青年人和中年人，身体一般较好，其主要医疗负担是治疗大病的费用，因此农民工的医疗安全主要保大病，减轻农民工治大病的负担。开展农民工大病医疗保险，着重保当期住院医疗。农民工的医疗安全应该与城镇员工的医疗保险区分开来，实行低费率。同时，应该降低农民工住院起付标准，不能使之等同于城镇职工。另外，农民工合作医疗制度也是一种经实践证明比较成功的农民工医疗保障举措。这方面，深圳为我们提供了经验和范式。深圳规定，为劳务工每人每月缴费 12 元，就可以使劳务工参加深圳市的劳务工合作医疗（后来"升级"为医疗保险，但实质上是合作医疗性质），看病时就可以按一定的比例报销门诊或住院的医疗费用。据报道，劳务工患病看门诊时自费比例为 20%，住院自费比例为 30% 左右。这样，合作医疗的缴费率和看病的自费率都比较低，照顾了农民工的经济承受力，用人单位也可以承受。当然，农民工合作医疗制度的施行还有赖于整个医疗卫生制度环境的改善和医疗药品价格的降低。如果医疗总费用高，农民工个人支付比例虽然低，但其支付的总值还是很高，也会影响该制度的可持续性。

2. 分层、分步地推动农民工养老保险

分层是指将城市化程度不同的农民工养老保险分层管理。农民工规模巨大，构成复杂，他们对社会保障的需求也存在较大不同，应分层分类地给予多种选择。在特定城市稳定就业，有固定住房、工作单位，收入比较稳定的农民工，和进入城市从事经营性、自雇性的农民工，其实已经城市化，应该将他们纳入城市社会养老保险体系，其养老保险费的缴纳方式和享受的待遇，可以等同于城市职工。签订短期合同、频繁流动以及灵活就业的农民工，是农民工的主体，是农民工养老保障制度主要针对的对象，对他们应施行下文所说的过渡性养老保险制度。

分步就是先建立农民工养老保险个人账户，实行一种过渡性的养老保险制度。农民工养老保险的个人账户的缴费应实行低费率，由用人单位和农民工双方负担，缴费可按当地农民工平均工资的一定比率征缴。为鼓励农民工缴费，政府也可以根据农民工的缴费情况注入一定的补贴费用。全部缴费进入农民工个人账户，并发放个人账户卡，农民工可随时查询个人账户金。这有利于调动农民工的参保积极性。农民工流动后，可以办理个人账户金的转移。如果在一地稳定就业和生活，可以转入当地的养老保险体系；回农村的，则允许转移个人账户进入农村社会保障体系。

第二节　农民工返乡创业与农村社会经济的发展

劳动力回流与农民外出打工相伴相生，其"返乡"是"进城"的派生现象。早在20世纪90年代民工潮呈现的初期，农民工返乡回流就已悄然出现；21世纪以来，在国家支农惠农等政策出台的背景下，农民工返乡创业就生机勃勃地发展着，给社会主义新农村建设带来新气象，在农村生产力解放、农民增收、农村习俗适应改良以及农村基层政治发展等方面，起着不可低估的作用。

一、农民工返乡创业对农村社会经济发展的影响

（一）劳动力回流促进了农村社会生产力的解放，有利于"生产发展，生活富裕"的实现

返乡农民工利用自己在城市打工过程中所学到的经验和技术，创办各类涉农企业，延长农业产业链，实现小农户与大产业、小生产与大市场的有效对接，提高了农业的获利能力；兴办中小型企业，承接由城市发达地区转移而来的资本和产业，为大中型企业提供配套产品和服务；发展农村的商业、餐饮、服务、文娱、交通运输业，推动第三产业的发展。由此，劳动力回流可以迅速推动农村经济由单一的第一产业向三大产业全面发展、有机结合的转变，带动农村产业结构的升级，从而促进农村的现代化以及城乡的统筹发展。

20世纪80年代以来，民工潮使农村流失了大部分青壮年劳动力，很多地方出现了"38、61、70"——妇女、儿童、老人留守的"空心现象"。而农民工通过多年在外地的打拼，把积累的资金、市场观念、现代技术带回来，为社会主义新农村建设提供了优质的人才支持和富余的资金来源。他们通过创办"回归企业""家庭工业""建筑工程队"等，开辟就地转移农村剩余劳动力的

途径，从而实现农村劳务经济从被迫性的"打工经济"向理性的"回归经济"转变。

返乡农民工通过以上流动，提高了农民的整体收入水平。据《中国统计年鉴（2012—2017）》中的统计：农民人均纯收入从 2012 年的 2 622 元，增加到 2017 年的 4 761 元；农民人均工资性收入从 2012 年的 918 元，提高到 2017 年的 1 854 元；工资性收入增量占农民纯收入的增量比重从 53.4%，下降到 2017 年的 41.6%。

（二）劳动力回流促进了农村社会风俗的改良，有利于"乡风文化"和"村容整洁"的实现

农民工的回流，在转变农村陋习、打破传统的落后观念等方面起着积极的作用。农民工在城市务工期间，深受城文明生活的洗礼和交际礼仪的熏陶，他们把都市文化中的新思想、新理念、新的生活方式带回家乡，帮助当地农民打破陈旧观念，从而推动农村的精神文明建设。

此前，由于大批青壮年劳动力外出打工，严重削弱了农村发展的潜力，给农村留下养老、赡养、留守儿童等问题。而随着农民工的返乡创业，他们与父母、孩子相处的时间也相应增多，从而使农村的赡养、留守儿童等问题逐步得到解决。

作为社会主义新农村建设的带头人，农民工还在"村容整洁"方面做出不小的贡献。农民工在返乡过程中，带动农村基础设施的建设，他们为家乡捐资铺路，兴修水利，改善电力设施、通信设施，促进医疗卫生、教育、文化等事业的发展。这些举措使农村原有的硬件环境大大改善。

二、农民工回乡创业过程中存在的问题

（一）农民工自身素质有待提高

目前，返乡农民工中的创业者中，初中和小学文化程度的人员占大部分。因此，文化程度较低，成为制约创业者视野和思维模式的重要问题。与经济发达地区相比，这些创业者更倾向于追求一种安稳的经营模式，并且思想较为保守，管理企业缺乏严格的规划和健全的制度，也没有创新的经营理念。尤其是把握不住市场的机遇，错失自主创业的机会，择业盲目，使自主创业的成本大大提高。

（二）融资难

农民工返乡创业有一个颇为棘手的难题，即融资平台不畅通。尽管相关政府部门已经加大了对农民工返乡创业的小额信用贷款的支持力度，但是由于他们自身的思想保守，并没有超前的市场眼光和创业规划，所以许多成长性较好的小企业因后续资金投入不足而被限制，无法扩大生产规模，这就造成自主创业的项目难以为继。2012年各地出台了农民工返乡创业技能培训和相应的小额贷款的政策，但是在参加培训的农民工中，能够享受到小额贷款优惠政策，拿到相关贷款的人员只占很小的比例，且缺乏跟踪服务，难以确保成功创业。

（三）扶持政策不足

在扶持政策方面，各地政府给予的力度并不够，比如税收，这些专门针对农民工返乡创业的配套扶持政策仍然存在问题。所以，农民工返乡创业困难重重，并且即便有相应的政策也并未真正地落实，使得农民工创业中税费负担重。同时由于宣传力度的不足，并未使一些农民工可以广泛地了解，所有这些都使得返乡创业的农民工因感受不到政府的关心和支持，丧失自主创业的信心。

第三节　农村劳动力转移与新型城镇化

当前中国新型城镇化建设进入快速发展阶段。就产业方面而言，农村劳动力转移是农业向非农业的转移；就空间方面而言，农村劳动力转移是向城镇的转移，是人口的转移。农村劳动力转移速度明显加快，不仅为城镇提供大量的人力资源，并且城镇化的加速建设为农村劳动力提供可持续发展的空间。这两者相辅相成、相互推进，形成一个良性循环，持续推进城镇化和服务业的进一步发展。

一、新型城镇化推进的难点

城镇化和农村劳动力转移是区域工业化以及经济现代化发展的必然产物，根据中国国情，推进城镇化建设有助于促进中国未来经济发展较长一段时间的稳定性。改革开放以来，城镇化建设碰到各类问题，这是改革进行到一定阶段必然出现的现象，也是未来中国长期需要解决的问题。主要体现在城镇化推进所需成本越来越高。

在推行城镇化建设的前期，因为城市所需农村劳动力资源长期处于不充盈状态，因此城市可以为农村劳动力提供长期发展的空间，但随着城市（特别是东部沿海发达城市）经济增长速度越来越快，当地政府解决由农村劳动力转移带来的城市建设、社会保障、公共基础设施服务等问题所需的成本将越来越高，高额的投入成本直接或间接地迫使政府不得不进一步采取控制人口落地的政策等，而这些政策的施行又极大地限制了农村劳动力向城镇转移的速度，同样也减缓了城镇化建设的速度。

二、新型城镇化背景下农村劳动力转移的现状

农村劳动力转移的相关保障问题一直是政府和社会所关注的重点话题，也是中国新型城镇化进程中急需解决的问题，新型城镇化是在城镇化基础之上的一次机制和战略的完善。作为新型城镇化的核心问题，农村劳动力转移在城乡一体化的大前提和大背景下存在的一些问题值得我们关注和思考研究。

（一）农村劳动力转移以"候鸟型"为主要模式

虽然大量农村劳动力向城镇转移，但实际上他们的户口并没有从农村转向城市，一方面是受城镇户口政策影响，另一方面也是由于经济因素制约。一部分农村劳动力以"年"为单位往返于城镇与农村之间，还有一部分以季节为周期，选择在农忙时留在农村、农闲时出门打工，这两种情况都属于"候鸟型"农村劳动力转移模式。当然，也有部分农村劳动力向城镇转移后选择长期留在城镇，但这一部分占整个农村劳动力的比例较小。因此，从根本上看，"候鸟型"农村劳动力转移并未真正实现城镇化。

（二）城市对农村居民有一定程度的政策与社会歧视

由于农村劳动力的总体文化水平较低，且居住条件、经济水平、社会环境等较城镇有较大差距，因此城市居民尤其是发达城市市民对农村居民普遍带有一些偏见和歧视，再加上农村劳动力对于工资和福利要求较低，占用部分城市人力资源市场以及社会资源，在一定程度上引起城市市民与农村劳动力的利益冲突。因此，城市原住居民很容易对转移过来的农村劳动力产生排斥心理，农村劳动力也难以真正融入城市生活圈，在生活习惯、文化差异、就业标准等各方面龃龉不断，农村劳动力城镇化转移进程延缓。这是农村劳动力转移进程中的突出问题，此外还有农村劳动力就业层次低，在居住和公共服务方面同城市

原住居民差别较大等。同时，推动新型城镇化下农村劳动力的转移进程还会遇到更多难题，需要政府与社会民众齐心协力，迎难而上。

三、新型城镇化建设背景下农村劳动力转移问题的对策

新型城镇化下的农村劳动力转移趋势及增量日益明显，但上述社会中存在的种种问题却制约着中国城乡融合、发展新型城镇的未来之路。而劳动力作为社会发展中的关键因素，对新型城镇化的建设也有着举足轻重的作用。妥善安置农村剩余劳动力，为农村劳动力的转移寻求发展之路是新型城镇化建设背景下我们不断努力和创新求变的方向。

（一）加速城乡一体化建设，不断提高新型城镇化水平

目前，我国整体经济处在不断探索和发展的阶段，"新经济"仍在持续升温，传统经济发展方式早已跟不上现代中国的发展步伐，因此，打破城乡二元结构体制，建设一种经济、社会、生态及人的发展相互协调的和谐新型城镇化模式显得尤为重要。而与此同时，不断提高城镇化水平，发展社会生产力，则能不断提高经济对劳动力的容量，也就能为农村劳动力的转移提供容纳之所。因此，要解决中国目前城镇化中出现的劳动力转移问题，最根本的举措还是加速城乡一体化建设，突破城乡二元结构体制，不断提升新型城镇化的水平，用城市经济的发展促进一系列劳动力问题的解决。

（二）进一步推进和落实户籍制度改革

在促进农村劳动力转移的同时，城市也要为接纳劳动力的转移提供空间和可行性。自古以来，户籍制度都是影响人口转移和发展的重要因素，要想为农村劳动力的转移寻求发展之路，对户籍制度的不断探索和改革则是势在必行。

近年来，为加快农村剩余劳动力转移，使农民更好地融入现代城市生活，提高人民幸福指数，国家一直在户籍制度的改革上进行不断探索和创新。在2016年《政府工作报告》中，李克强总理所提出的"居住证制度"正是我国在户籍制度改革上的又一重大举措。这一制度进一步突破城乡二元壁垒，保障农村劳动力的基本权利，使其平等地享受公共服务，也为农民工子女入学、农民工自身在城市的就业等提供了极大的便利，为农村劳动力转移扫除了一部分障碍。

（三）鼓励中小企业的发展，创造更多的就业岗位

大企业对经济的发展具有明显的带动作用，但中小企业对社会经济的贡献同样不可小觑。在全力推进新型城镇化建设的今天，中小企业的发展不仅对经济具有拉动作用，在增加就业机会、维护社会稳定、构建和谐社会等方面也意义非凡。在确保大企业健康发展的同时，国家层面上支持、鼓励和引导中小企业的发展是加速新型城镇化建设的重要举措。中小企业的发展能带动当地经济增长，同时也能创造更多的就业岗位，从而为农村剩余劳动力提供栖息之地。

（四）加强对转移劳动力的教育，全面提升农民工素质

要更好地为农村剩余劳动力寻求出路，还应重视劳动力转移后的融入与发展问题。对于生活在城市和农村的人们来说，他们之间不仅仅存在着经济条件的差异，更多地表现为文化差异。当农村劳动力成功转移进城镇后，他们能否适应城市的生活，是否能保障不出现劳动力的逆转移等问题都值得探究。为了让农民工更好地融入城市生活，提升他们的幸福指数，从教育方面着手最为适宜。在传统农村，人们的教育水平低下，农民整体素质不高，而在科学技术高速发展的今天，这样的状况显然是与城市发展不相符合的。因此，利用社会各种教育资源，加大教育经费投入，加强对转移劳动力的教育培训，不断提升农民工素质，才能使其自身水平适应新型城镇化的不断发展，顺利地实现"市民化"。

城乡统筹发展、消除二元壁垒及和谐的新型城镇化建设并非朝夕之间就能够完成，此大背景下的农村劳动力转移困境也是新型城镇化建设中亟须解决的问题。只有充分调动社会各方资源，以政府为主导，企业和个人全力配合，才能为新型城镇化建设背景下的农村劳动力转移寻求更好的出路，引领未来中国朝着经济可持续健康发展的阳光大道大步前行。

第四节　劳动力回流与产业内迁

进入 21 世纪以来，我国城镇化建设取得惊人的成就，2009—2014 年间城镇化率年均提高达 1.3 个百分点。但是，这种快速的城镇化具有明显的政府主导、投资驱动特征。2000—2009 年，全国政府财政支出总额上升了 3.8 倍，远高于同期 GDP 增速，资本形成占国民经济的比重从 35.3％攀升到 47.49％，

而同期最终消费率从 62.3％降低为 48.17％。形成鲜明对比的是，同期财政支出与资本投入对城镇化的促进弹性却呈明显下降趋势。政府财政开支与固定资产投资平均每增加 1％，能够拉动城镇化水平的增幅从 2001 年的 0.35％左右，下降到 2010 年的大约 0.15％。在近年来中国城市人口、资源与环境承载力不足，压力凸显的背景下，传统的政府主导、投资驱动型城镇化道路越来越难以继续。如何构建更为高效的新型驱动机制，成为推动城镇化可继续发展的关键。考虑到近年来我国劳动力、资本等因素区际流动的新特征，尤其是愈发明显的劳动力短缺、回流与产业内迁趋势，我国城镇化的驱动机制应当由前期的投资主导与"招商引资"模式，转变为中后期的劳动力主导与"人力资本增进"模式。

一、劳动力不足与回流体现人力资本对城镇化的驱动效应

近年来，我国劳动力与资本要素的禀赋状况出现此消彼长的变化。一方面，受长期低生育率与农村剩余劳动力数量急剧减少的影响，当前我国不只劳动力提供总量的增速放缓，并且劳动力年龄结构的老化与人口红利的消退也不可避免。另一方面，经过改革开放三十多年的经济高速增长与物质资本积累，我国的资本存量与金融市场不断完善，以往产业发展中稀缺的资本要素得到很大补充。劳动与资本因素的丰裕度转变，尤其是劳动力资源的相对短缺与价格上涨趋势，使得人力资本对城镇化的推进作用显得更加重要。

与传统的劳动力追逐资本的"东南流"模式不同，近年来要素区际流动的一个明显新趋势是产业与劳动力往中西部的"内迁"。并且在当前劳动力回流与产业内迁的互促关系中，首先是农民工由于外部环境转变选择"回流"内地就业，使得单位劳动成本较低的优势在中西部得以延续与扩大，进而迫使沿海劳动密集型企业不得不加速往内地转移，最终形成劳动力回流"倒逼"产业内迁的态势。基于劳动力在与产业资本相结合时表现出的相对强势与先后顺序的新特征，我们在下一步城镇化与"市民化"推动中应重视劳动力流动与人力资本培育的先导性作用。特别是对于中西部落后地区来说，城镇化的核心驱动力应当由传统的政府财政及投资拉动模式转向依托劳动力比较优势，承接产业内迁，最终实现工业化与城镇化的同步飞跃。

二、城镇化中后期的产业结构升级要求重视人力资本培育

根据诺瑟姆曲线规律，随着城镇化水平的不断攀升，不仅城镇化水平的提

高速度会逐渐慢下来，并且支撑城镇化的主导产业也会由劳动密集型的制造业逐渐转变为人力资本与技术密集型的现代服务业与高新技术产业。

当前我国的总体城镇化率已超过 50%，正处于城镇化中期的后半阶段；东部一些发达地区的城镇化率甚至超过 70%，已进入城镇化后期。根据发达国家经验，支持我国城镇化发展的动能应当逐步由低端加工制造业转变为高端装备制造业、生产性服务业、高新技术产业等。而这种产业结构升级的顺利进行必然要求劳动者的知识、技能、经验等能够迅速提升以满足高端产业要求。因此，中国在城镇化中后期阶段必须高度重视人力资本培育，以避免出现低端产业衰退及竞争力下降，而高端产业因缺乏主动创新能力而无法发展壮大的"产业空心化"现象。

三、产业内迁及空间布局重构要求构建人力资本驱动型城镇

在产业内迁及产业空间布局重构加速的形势下，无论是东部还是中西部，都必须重视提高人力资本存量与质量。东部地区要想以高附加值产业替代传统制造业，顺利实现"腾笼换鸟"，最根本的是需要大量高劳动生产率的技术型人才作为产业支撑。这就要求东部地区更加重视对高层次人才的支持与培育，特别是推行积极的住房扶植政策、户籍制度、福利待遇以引入、留住产业发展所需的高素质人才。

中西部地区要加速承接劳动密集型产业内迁，同样离不开对人力资本的依赖。由于我国劳动力总量减少及年龄结构老化的不可逆转性，即便是中西部也早晚将面临劳动力成本高的困境。但是随着近年来国内外局势的变化，中国与越南、印度等新兴市场国家相比，绝对工资成本低的优势已不复存在。在此背景下，中西部要想顺利承接"全球制造业中心"的地位，最根本的还是发挥潜在核心竞争力，通过提高新生代农民工的职业技术与边际劳动生产率，将劳动力数量与价格优势转化为质量与效率优势，以支撑城镇化与工业化的可持续发展。

四、构建人力资本驱动型城镇的对策建议

（1）东部应当依靠高素质人才储备与强大的自主创新能力，提高城镇化的质量与层次。首先摆脱对资本投入与招商引资模式的过度依赖，转向重视人力资本培育与完善的市场机制，推动城镇化进程。在产业政策方面，重点发展第三产业，尤其是金融、信息、商业服务等生产性服务业，以及资本与技术密集

的高端制造业，以产业结构升级及经济集约增长促进就业与城镇化质量提升。大城市要保留和增强人力资本的核心竞争优势，防止人才流失，最紧迫的就是制定有利于留住、吸引高素质人才的住房扶植政策，避免因大城市的高房价而迫使人才外流。应积极采取价格补贴、税收减免、保障房、人才房、公有廉租房等措施留住人才，以高质量的人力资本储备支撑产业升级与城镇化质量提升。

（2）中西部城镇化应重点加强城市基础设施与公共服务体系的建设与完善，凭此吸引劳动力回流与产业内迁，实现劳动力资源与产业的本地化结合。在产业选择方面要适应城镇化的生命周期规律，重点承接就业弹性较高的劳动密集型制造业及传统服务业，而不该过度追求国际金融中心、高科技中心等高端服务业。特别要注意防止重工业化倾向下资本有机构成提高过快，造成对劳动和就业的排斥，从而出现"无就业增长"现象。

（3）中西部地区，尤其是中小城市要想以劳动力回流支撑工业化与城镇化建设，必须要将自身的劳动力数量优势转变为人力资本质量优势。从长远来看，中西部的"人口红利"与劳动力价格优势也会逐渐消失。中西部要想维系劳动力比较优势与继承制造业中心地位，就必须依靠实施前沿性的人力资本培育措施，从根本上提高劳动生产率。首先是加大对教育的投入力度，逐步将高中阶段纳入义务教育范畴，重点保障农村义务教育与职业教育的平衡发展，顺利实现农民工群体实质性融入城市生活，加速城镇化进程与城市文明扩散。另外根据我国产业发展趋势，以及新生代农民工选择外出务工的动因由生存型转向个人发展型。在未来5～10年内，人力资本培育的重点是新生代农民工群体的职业技术培训与职业发展规划，要建立起学校、企业、用人单位联动的职业技术培训体系，以校企合作、在职培训、"干中学"等方式提升新生代农民工的职业技术与生产效率，帮助其实现"市民化融入"。

（4）在当前劳工紧缺、工资进入上升通道的形势下，用工企业必须更加重视保障劳动者的经济、社会权益和精神需求，真正做到"以人为本"。只有这样，才能持久地维系与强化自身人力资源优势。即便是内迁到中西部省份的加工制造企业，也必须转变传统的封闭化、机械式、粗放型的传统工厂经营方式与人力资源管理方式，形成人性化、成长型、激励型的用人机制与企业文化。如将传统的劳动力无限供给条件下的"生存工资"机制转变为基于边际劳动生产率的有竞争力的多重薪资激励机制；建立完善的员工上升通道与职业发展规划；形成和谐、人性化的雇佣关系与人事管理模式，以人力资源管理模式的人性化创新吸引人才、留住人才，保障企业长远发展与区域工业化、城镇化进程。

（5）政府层面要以"人本理念"做好城市发展规划与公共服务工作，以吸引劳动力流入与产业内迁。首先，在城市空间拓展上，尤其是新城区、开发区的建设中要注意改善人居环境，多建设绿地、公园、图书馆、体育场等公共基础设施，完善商业、文化、娱乐等服务设施，以吸引人口流入居住与就业。其次，优先发展快速公交、地铁等公共交通系统，为市民提供便利的交通、通信等生活条件。最后，城市政府的中心职能应定位于为居民提供高效、平等的社会公共服务，以低成本、高质量的居住生活环境吸引劳动力流入，增强城市的人力资本优势。在吸引劳动力流入方面，效果最直接的措施是完善面向农民工的社会保障体系，例如，为新生代农民工提供住房支持以及平等的子女教育条件等。

第七章　劳动力回流与返乡创业研究

第一节　农民工返乡创业趋势分析

在"大众创业、万众创新"时代，尤其是在经济发展步入新常态的背景下，返乡创业已成为农民工提高自身价值和融入新型城镇化过程的一项重要选择。农民工返乡创业对于带动农村劳动力转移就业，促进农民继续增收，促进农村地区就业脱贫，实现新兴产业化、新型城镇化和新兴农业现代化全面协调可持续发展等都具有重要意义。我国农民工转移就业和返乡创业经历了怎样的发展脉络？当前农民工返乡创业有哪些历史性机会和突出短板？地方政府和相关社会组织应当如何更好地为这一群体服务？本节特别搜集了部分专家的见解，以期对推动农民工返乡创业有所帮助。

2015年6月，国务院办公厅印发《关于支持农民工等人员返乡创业的意见》，支持农民工等人员返乡创业。2016年4月，国务院副总理汪洋在河南洛阳市调研时强调大力支持农民工等人员返乡创业。

一、返乡创业成为上下关注的热点

返乡创业成为上下关注的热点，其重要意义何在？

专家回答：实际上，农民工返乡创业不是目前才开始的。在20世纪八九十年代，就有一部分人返乡创业，但主流还是"一江春水向东流"这样一个局面。2009年以来，农民工的返乡创业才较多地增加了，原因是持续流动以后，中西部地区农民虽然增加了务工收入，但实际上增加的收入十分有限，人口红利主要留在发达地区和城市，同时他们只能在城市打工，而不能安定下来，形成一种分离式的流动现象，城乡差距也在不断拉大。另一方面，农村中青年劳动力都进城务工，中西部地区则依然保留了传统的、单一的农业生产方式，还造成"三留守"、农村"空心化"等社会问题。这种经济社会的结构性矛盾到一定阶段就必须得到解决，解决的方法实际上就有两个：

第一，一部分农民工在沿海发达地区和城镇实现市民化，提高农民工户籍人口的城镇化率。这要面临很多困难，如制度性阻碍，但即便再困难，也要解决。因为没有稳定的产业工人队伍，就不能积累技术和经验，不能够使产业得到升级，不能够推进以人为本的城市化。

第二，农民工向输出地的中西部地区返乡就业创业，只有这些农民工回到家乡创业就业，才能够解决当前农村一系列的产业和社会问题。没有产业就无法增加农民收入，而这个产业很大程度上需要农民自己来创造，农村真正能够创业的，恰恰是这些在外面经过多年打拼和市场的培训，积累了一定资金和技术的，拥有市场经济和工业化、城市化思维的人。

我们在2016—2017年做过一次对全国101个县、301个村，计3 000多名返乡创业农民工的调查。调查数据表明，2009年之前返乡创业的农民工只占返乡创业总人数的30％多一点，67％以上的农民工都是2009年之后返乡创业的，这就说明返乡创业的速度开始加快。2012年之后，返乡创业的速度增加得更快。这是因为经济发展速度放缓。进入新常态之后，我们都在寻找新常态下支持经济增长的新动力在哪，实际上，农民工返乡创业就是广大中西部地区发展县乡经济、补齐农业农村短板、带动农民就业、增加农民收入、实现精准脱贫的新动力。市场背后是群众，任何改革的动力最终还是要归结到群众，特别是经受过市场锻炼的农民工，要尊重他们的选择，尊重和支持他们的创造，让他们可以创业，这既是他们的利益，也是发挥他们带动就业转移和农村发展的作用。它是一个历史阶段的一个新的增长点、一个动力，应该从战略的高度来看待。

二、当前农民工返乡创业得到国家的大力支持和社会的广泛关注

当前农民工返乡创业得到国家的大力支持和社会的广泛关注，农民工返乡创业拥有哪些重要的机遇和创业优势？

专家回答：农民工返乡创业的机会及优势主要有以下几点：

（1）农民工自身的潜能优势。农民工返乡创业，最大的优势还在于农民工自身素质在打工中得到提升。近些年来，亿万农民工的流动、打工，一方面对国家的工业化和经济崛起做出重要贡献，另一方面的收获在于农民工自身综合素质、能力的提升，在于他们自身的成长，他们经历了城市和市场的洗礼，积累了一定的资金、技术、人脉等资源，懂市场经济，思路开阔。这是只有通过打工才能获得的，这正是中国广大中西部地区发展所需要的人才动力源。所

以，恰恰是返乡农民工自身所具有的相对于中西部农村地区更高的综合素质，才是他们返乡创业的最大优势。

（2）国家政策支持的机遇。国家看到农民工返乡创业的重大作用，连续出台政策性文件进行支持，其中有两个重要的节点：①2017年，国务院办公厅出台了《关于促进以创业带动就业工作指导意见的通知》和《关于切实做好当前农民工工作的通知》，其中都明确地提出对农民工返乡创业的支持，认为农民工返乡创业是转移就业的一条路子，对农村发展有深远意义。②2015年，国务院办公厅出台了《关于支持农民工等人员返乡创业的意见》，这个文件是非常重要的，政策性更强，具体的扶持政策更多，政府简政放权，做好创业服务，在土地、资金、技术、培训等方面都做了非常详细的布置。所有对三农、小微企业的普惠政策都要给返乡创业农民工，同时对他们也有一些特殊性的专门扶持政策。一些省份也据此出台了相关扶持政策，比过去力度都更大，更加具体。

（3）发达地区产业转移的机遇。沿海地区经过多年的发展，企业经营成本、要素成本上升，资源空间受到限制。而中西部地区，实际上相对来说还是有许多优势和潜力的。有种说法叫作"富饶的贫穷"，过去我们只看到一些地方经济的落后，却没有看到这些地区实际上蕴含着丰富的潜力，当社会发展到一定的阶段，这些地区所拥有的独特资源就会成为一种优势。例如，一些贫困地区自然环境十分优美，具有特色的手工艺、特色的文化、品质优良的特色农产品等，这些都是农民工返乡创业的重要资源。

（4）新技术发展的机会。近些年来，一些新技术的出现，尤其是"互联网＋"等技术的出现和发展，拉近了农村与城市的距离。以前需要在城市寻找市场的产业，现在可以通过互联网、物流等方式，从网上寻找市场，而生产基地、仓储等都可以在农村，这就产生了形式各样的电子商务村，为农民工返乡创业提供了广阔的空间。

（5）农村整体环境得到较大的改善。近些年来中西部地区的基础设施条件得到很大改善，如交通、通信、电力等。这些创业的外部条件得到发展和优化，为农民工返乡创业提供了保障。

三、农民工返乡创业内容丰富、形式多样

农民工返乡创业内容丰富、形式多样，主要有哪些项目？

专家回答：据我们在安徽省、贵州省以及苏北等地区的调查，农民工创业内容还是比较丰富的，大体呈现出以下几种情况：

（1）农民工返乡创业和沿海的劳动密集型产业相联系。要么农民工原来在劳动密集型企业里打工，回乡办同类企业；或者在沿海地区已经创业了，回家乡办分厂，把企业转移回老家；要么把发达地区的老板引到自己家乡来。这属于沿海劳动密集型产业向中西部地区转移和扩散。

（2）并不是以前打工做什么回家还做什么，而是在积累市场销售、经营管理经验后，回来挖掘当地的资源优势和市场需要来创业。中西部地区有一些地方特色产品、产业，例如藤编、竹编、米粉、特色豆腐干、醋辣椒等。过去是传统的、手工的、作坊式的经营方式，返乡创业之后把这些特色资源搞成工业化、规模化，变成一个品牌产品进入市场，有的取得专利，创业伴随创新。

（3）返乡搞农业，一种是搞特色农业，例如做特色种植、养殖、林下经济，办龙头企业，农工商一体发展，再一个就是从事农业的适度规模经营，成为新的新型主体。据我们在滁州所了解到的，目前专业大户、家庭农场等新型农业经营主体大致有1/3以上，有的地方近1/2是返乡创业农民工。返乡创业农民工是新型农业经营主体的重要组成力量，他们将是一代新兴农民，对中国农业的下一步发展有重要意义。

（4）发展一、二、三产业交融的产业，发展农村旅游、观光、养生、体验等项目。过去我们把休闲旅游当作一个奢侈品，但实际上它是今后一个非常重要的产业。外出务工后才有钱做这些农村旅游项目，而且他们知道如何按照城里人的生活需求来设计休闲居住的房子、产品、游乐项目等，因而能更好地满足市场需求。

（5）发展农村电子商务，利用现在先进的"互联网＋"技术以及便捷的物流，既可以把农村颇具特色的农产品资源向外销售，也可以为村民从网上购买生活用品和农资。其本质上是建立一个农产品进城和工业品下乡的双向流通通道，这种创业形式也是十分有意义的。

四、农民工返乡创业的突出困难和短板

目前农民工返乡创业还存在哪些突出的困难和短板？

专家回答：农民工返乡创业，首先土地的使用是个大问题，如在西部某省一个县的农村调查表明，该地返乡农民工发展当地的特色藤编产业，带动了80多户农民共同参加，他们希望能建一个两三亩地的场馆，用于产品展示、技术培训等，但当地就是没有非农建设用地指标，他们不得不搁置这一计划。实际上，现在我们在土地使用方面对农村创业的小微企业照料力度还不够大，我们应当进一步整合农村闲置工厂、校舍等资源，多给返乡创业者提供一些便

利；要对良田和山地的使用进行适当的区分，特别是在贫困山区，对山地的使用，可以在土地使用政策上做出适当灵活处理，更加向返乡创业者倾斜。同时，对于返乡创业者流转的土地，要在抵押融资制度上有所创新，让返乡创业者可以利用流转的土地，获得足够的发展资金。

其次，资金也是个很关键的问题。返乡创业者的自有资金终究是有限的，他们需要金融资金的支持。实际上，我们针对返乡创业者的资金支持政策有些是落实了，但有些政策农民工并不知道，政策的普及性不足也是一个亟须解决的问题。另外，金融部门支持小微企业针对的客户数量大，成本高，比较"费时费力"，一些金融企业不愿意贷款给小微企业，这就需要金融部门改进服务，提供贴合创业者需求的金融产品，更好地满足创业者的资金需求。

此外，还有一些地区存在支持政策在落实上不一视同仁的情况，对有些返乡创业者的优惠政策过多、过于集中，存在人为"树典型""垒大户"等现象，没有让多数的创业者享受到优惠政策。

五、政府应主动作为

为了进一步做好农民工返乡创业工作，地方政府应当在哪些方面主动作为，做好相关的支持和服务？

专家回答：首先，地方政府一定要坚持实事求是，去做调研。地方政府一定要走到一线，去和创业农民工沟通，要有新时期、新阶段、新问题、新农民、新创造的意识，要掌握好哪些人在创业，创什么业，怎么创业，有哪些困难等问题，不能只想着我要你怎么干，而是要知道群众实际在怎么干，要靠谁干，干了以后谁有收益等问题。只有把这些问题解决了，地方政府出台的政策才能具有针对性，才能更好发挥群众和返乡农民工的创业潜能。

同时，农民工返乡创业对于中西部地区的政府部门来说也是一种锻炼，是他们提升自身的市场意识和综合素质、改变行为方式、改革管理制度的一次实践。外出务工农民工的市场意识是在沿海等发达地区培养起来的，而我们中西部地区的有些干部，没有受到市场的熏陶，往往不懂得市场和企业运作，主要依靠行政手段来管理，这导致有些干部观念落后。他们应该首先向返乡农民工创业者学习，要从他们那里获得知识，更新自己的观念，方能为返乡农民工做好服务，保护好、发挥好他们的创业创新的潜能和创造力。

第三，在落实政策的同时，要做好公共性的引导服务管理工作，组织返乡创业农民工搭建自我管理、自我服务的平台。支持返乡农民工创业，既需要具体落实对农民工创业的支持政策，同时又要有对群体、区域、产业的共同的、统一的规定、制度和服务。例如一个地区发展乡村旅游，地方政府可以制订共同的行业标准，提供公共服务设施，包括在环境保护、饮食安全、居住卫生等方面给予指导规定，同时为这一地区提供统一的宣传、客源等公共信息服务，促进区域发展的产业化和产业发展的区域化。另一方面，也要鼓励返乡创业农民工之间的相互支持，形成一定的行业协会、社会组织，自我服务、自我管理。例如有的地方支持当地的返乡创业农民工组成创业者联谊会，相互之间可以交流创业经验，相互诊断，相互提出发展建议，进行资金互助，等等。在有的地区，政府组织退休的科技工作者，组成"老科技工作者咨询服务平台"，为返乡农民工创业提供培训、咨询和企业诊断等服务，既发挥了他们的余热，也让创业农民工获得智力支持。这些都可以通过政府来牵线搭桥，搭建平台，这也是非常有意义的工作。

第二节　农民工返乡创业与社会结构的转变

研究农民工的返乡创业问题离不开中国的特殊时空特性，"时空特性是研究社会发展的重要维度"。从研究社会发展的角度看，时空特性是一个基本的因素，或者说，也是研究社会发展的一个重要视角。农民工的返乡创业是在中国改革开放以来，由于传统的社会身份体系的变动，农民工适应新的社会结构变化而发生了社会人物转换的一种必然现象。关注社会变迁中的农民工就业与创业问题是社会学研究的必然，分析了农民工返乡创业行为的结构性因素，才能制定出支持其创业的政策。

一、结构化

安东尼·吉登斯（A. Giddens）在 1973 年提出结构化（Structuration）这一术语，运用结构化理论对主体与结构的关系进行了解释。吉登斯的结构化理论表明：人们的行为是被结构化的，行为具有结构的属性，结构性背景限制了人们可能的行为领域；结构具有制约人类行为和促进人类行懂的双重效果。

结构是指社会再生产过程中重复涉及的规则和资源。规则和资源实际上就是指人们所身处的社会结构。"社会行动者既不是由外部起因决定的物质的粒子，也不是执行一种完全理性的内部行动计划的、只受内部原因引导的单子。社会行动是历史的产物，是整个社会场的历史的产物，是特别的磁场内某条通道中积累的体验的历史的产物。"吉登斯引入时间、空间、转换规则、结构化方式、结构性特征等概念，他用结构二重性原则替代主客二元论。吉登斯的观点是：客体主义者强调社会中的结构、制度、制约性，主观主义者强调人的主观性、能动性、创造性，这两类因素在社会生活中都是实际存在的。社会结构具有客观制约性和主观创造性两种品格，吉登斯在社会实际或社会生产的不断发展和持续过程中动态地理解结构。

显然，行动者又可以利用结构所预先赋予的资源，行为者微观层面的活动，带来行为者与社会结构之间的交互作用，同时也再造宏观的社会结构。

吉登斯也知道结构与行为之间的相互关系。他写道："作为人，我们可以选择，而不是简单地对周围的事件做出被动的反映。跨越'结构'与'行动'取向之间的鸿沟的方法是要认识到在日常流动过程中，我们能积极地作用和反作用于社会结构。"正如乔纳森·特纳所指出的："结构可以概念化为行动者在跨越'空间'和'时间'的'互动情景'（context）中利用的规则（rules）和资源（resources），正是利用这些规则和资源，行动者在空间和时间中维持和生存了结构。"农民工的流动既要受到结构的制约，但又并不完全为"结构"所左右，他们的流动行为也促进了国家、市场和社会的结构性变化。

从结构化理论来看，任何一个社会主体的行动都是在特定的自然条件、社会条件下进行的。结构化理论综合了社会学整体论和个体论的视角，说明了主体与结构的关系。根据结构化理论，农民工返乡创业是国家政策和农民工自身在特有的时空条件下相互作用的结果。结构性因素和条件提供农民工外出的可能和条件，当然，农民工流动并不是单纯的制度安排的结果，也不是简单地追求个人利益最大化的选择，而体现的是主体与结构二重化的过程。

主体与结构互动的返乡创业行为，既受到结构性因素的制约，也反映了个人对发展性资源的需求，同时又再造了新的社会结构。

二、返乡创业：一个结构化解释

"返乡创业"是指农民外出打工或经商半年以上，积累一定的资金、掌握一定的技术和信息后，了解到家乡的社会经济环境而返乡创办工、商等企业。返乡创业体现农民这一行为主体与所处的社会结构双向互动的过程，这一过程既受到结构性因素的制约，又成为社会发展过程中新的结构性要素。农民工的返乡创业是社会结构变化中值得关注的现象，是农民工在一定社会结构中动态建构的过程，具体体现在：

（1）获得机会的过程。有的农民工出去打工前就有创业的想法，有的是在打工一段时间后，才意识到求发展是更好的出路。他们在捕捉、把握市场机会后，利用家乡的资源、优惠政策以及在外面建立的人脉关系而返乡创业。

（2）积累的过程。农民工创业机会的获得不是以"备用"的形式出现的，他们通过接近、了解市场，而后再发展到利用市场。实际上，他们走向创业的过程是一个扩大社会资本、提高人力资本的过程。

（3）实现资源整合的过程。创业并不是单方面的行为，而是多方面起作用的结果，是整合与拓展资源的过程。如政府、企业、社会组织在创业中作用发挥的程度都构成影响创业的因素。

（4）定位的过程。农民工由打工到创业发生了职业角色的多重变换，他们的职业、身份发生变化。农民工这一群体的变化是农村社会结构变化的必然。

农民工返乡创业这一行为的产生，应该从主观和客观因素来分析。返乡创业并不只是简单的行为选择的过程，而是受到结构性因素制约的行动。诚如美国社会学家布劳所说："社会学的中心任务不是技师个体行为，而是解释社会环境结构怎样影响人们的生活变迁。"我们可以看出在农民工就业与创业过程中结构性因素所起的作用。20 世纪 90 年代以来，农民工由流动到创业成为普遍现象。返乡创业涉及国家、市场与社会的关系问题，这其中所隐含的行动逻辑，只有在特定的制度框架、社会结构背景下才能得到理解。

同时要看到，农民工的流动与创业是社会发展过程中新的结构性要素。在这一过程中，农民工不断寻求新的发展性资源，改变原有的人力资源状况，其直接效果是实现自身的结构化。如果我们做一个详细的分析，就可以看出流动农民工发展的轨迹。第一种情况是两栖生活。只有政策、形势不变，多数是两栖人口，极少数农民工发生身份、地位的转变。第二种情况是一部分转为正式工人，从事的产业、行业比较固定，成为熟练工人。第三种情况是一般的回流。第四种情况是创业，由农民工转为老板，包括从事个体经营或者创办企业，其创业有三种形式：①在就业地创业；②受吸引返乡创业；③外地打工、异地创业。返乡创业行为受到他们对自身的资本认知、城市认知和农村认知的影响，制度安排、社会支持也起着"拉力"作用。农民工逆向的返乡创业有利于激发农村经济运行的活力，提高农村资源与剩余劳动力的利用效率，在以城带乡、以工促农中发挥积极作用。特别是对于中西部地区的农村来说，以劳务输出和返乡创业良性互动机制为目标，保持"输出劳务，引回人才；输出劳动力，引回创业者"的思路，是"打工经济"转化为"创业经济"的路径。

以上分析表明，社会因素是返乡创业的结构性背景，个体也在这一背景中发挥着积极的作用。返乡创业群体回到家乡创业，意味着农村投资主体增多，使农村经济的发展有"内发性动力"，农村经济社会也由"导入式"向"内发

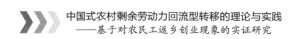

式"发展。这种形式的创业必须纳入再结构化的视界。

三、返乡创业群体的再结构化策略

返乡创业群体的再结构化，是指促进这一群体成功创业，使他们真正完成职业身份的转变，实现社会阶层之间的流动。显然，创业是由不同要素组成的连续的过程，是多部门共同作用的结果。从深层次来看，创业反映的是国家、市场与社会的关系。返乡创业群体能否顺利实现再结构化的过程，需要政策的扶持、社会组织的支持，尤其是需要创业者自身人力资本的提升。

（一）政策的扶持

返乡创业是农村经济新的增长点，但往往走不出"创业—崛起—衰败"的怪圈。返乡创业面临以下困境：①基础设施不配套；②贷款难，缺乏金融服务，只有从民间高利息贷款；③员工短缺，内地劳动力素质差。这需要政府、银行和企业三方面的合作，以建立有利于创业的融资系统、信息服务机构、政策保护系统。政府应该从政策、体制方面给予优惠，营造较好的创业环境。返乡创业要真正成功，需要一定的硬环境（地理环境与基础设施）和软环境（政治、经济、文化条件），其中人才、资金、市场、技术、信息、制度等都是影响创业的重要因素。政府要放宽制度管制、规范执法、清理各部门的乱收费和罚款，改变不利于创业的政策与体制环境，从对创业的管理转向服务，从单一的行政审批、收费、监管转向多方面的支持与服务。各级政府应以结构调整为主线，引导有条件的农民工返乡创业。

（二）社会组织的支持

返乡创业的成功还需要社会组织建设的加强。社会组织应该在宏观制度不完善时起补充作用。我国管理体制的改革需要社会支持系统发生变化，但目前社会支持系统并没有随着社会大环境的发展而做出相应改变，人们所获得的社会支持存在从"单位"回归家庭、家族和私人关系网的状况。社会组织建设还跟不上发展的需要，在创业的支持方面，仍然存在显著的"个人化"趋势。

（三）创业者人力资本的提升

返乡创业是"草根型"的，是从农村内部、从农民工的流动中发展而来的，是农村工业化的"内生型"发展的形式。可以说，这是农村普通劳动力提升为农村高级人力资本的结果。这种形式的创业能否成功与行动者在创业中所表现出来的个人特质有很大关系。对于创业者来说，创业要成功，除了要有技术、资金、市场、先进的管理理念外，还要有创业精神和意识。通过创业者管理、技术水平的提升，可以改变产品技术层次低、创业层次低的局面。

农民工返乡兴办了多种形式的"草根"企业，它们起了承接城乡之间产业链接的作用。要改变不利于创业的政策与体制环境，政府就不能"退出"，而是要培育创业的社会环境。陆学艺研究员在早期的研究中就提出："要把农村剩余劳动力转移出去，光讲发展多种经营还不够，还必须鼓励、支持农村办工业，办商业，办服务业等。"农民工比较强烈的创业意识是一种宝贵的财富，必须重视他们的创业需求，重视农民工的回归工程建设。

返乡创业是农民工流动发展到新阶段的必然现象。对于农民工的返乡创业要放在特定的社会结构变化中进行分析。由农民到农民工再到创业（包括返乡创业）这一过程，说明部分农民工流入到新的社会阶层，又需要新的社会结构的容纳。

在新形势下，农民工问题发生新的变化，我们应该从只是关注农民工的权益保护到关注农民工的返乡创业。返乡创业的成功与否，涉及我们对地方政府、社会组织、创业者三方的结构和功能关系的准确定位。只有协调、整合各方力量，才有利于农民工成功创业，使他们为新的社会结构所容纳。基于农民工顺向的进城与返乡的创业并存的事实，建立"双向流动"机制是可行之路，这对于农民工有序流动，稳妥地推进新农村建设、推进城乡一体化具现实意义，对于农民工政策的制定也会有所启发。

第三节　农民工返乡创业的主要问题

近几年来，我国越来越重视农民工返乡创业问题，并出台相关政策鼓励农民工返乡创业、扩大其就业渠道，而越来越多的农民工也正成为返乡创业队伍的一员。一项针对创业就业的问卷调查显示，有5万元积蓄的农民工想创业的占到95％，而有同等积蓄的市民想创业的比例只有5％。但是，目前农民工创业有很多不确定性因素的存在，这使得多数农民工徒有创业意愿却没有相应的行动。即使有部分农民工返乡创业，多为个人行为，一般是家庭式的创业模式，抗风险能力差。一部分企业市场竞争力差，难以有大的作为。归纳起来，农民工返乡创业表现出以下问题：

一、创业培训不足，农民工创业存在一定盲目性，创业项目没有嵌入产业链

返乡创业的农民工往往缺乏相关的中介机构为其提供信息服务，对当地实际和市场需求不能准确把握，产品的营销信息不畅，缺少对当地产业结构和企业经营环境的分析等。因此，农民工创业缺乏专门机构指导，创业存在一定的盲目性。另外，农民工创办的企业项目产品单一，没有嵌入产业链。

二、创业投资方向主要为劳动密集型行业

返乡农民工所创办的企业有个共同特点：与自己务工时所从事的行业一致。农民工主要从事劳动强度较大、技术含量较低的行业，这对农民工返乡创业有着直接的影响。农民工创办的企业大多与其务工时一样，因此他们投资的项目主要是建筑业、小型制造业、矿业开发及冶炼、运输业、餐饮业、养殖种植业、农产品加工、果品营销、药材、印刷、汽车和机械家电修理等劳动密集型行业。

三、金融机构放贷积极性不高，农民工融资困难；贷款流程较长，审批程序复杂

流动资金、发展资金短缺和贷款困难，已成为农民工返乡创业普遍面临的最大障碍。调查显示，被调查者中80%的返乡农民工认为返乡创业最缺的是资金。即使部分农民融资成功，但在投入办企业的资金来源总额中，自有资金、私人借款占大部分，政府和银行支持的资金不到1/3。创业者自身缺陷较多、预期收益不确定、无确定还款渠道、创业潜在风险较大等，使得金融机构放贷积极性不高。实际上农民工创业融资难有着难以克服的客观障碍。首先，最重要的也是最根本的问题就是农民工文化水平较低，这不仅制约农民工对创业项目的选择，而且给金融机构一个难以摆脱的主观认识，那就是农民工创业思路不清晰，对创业困难预估不足，营销观念落后，市场开拓能力差，短期行为较重，技术水平低，创业过程控制力较差。另外，农民工创业工作经验少、自身的技能差、信用等级低、无有效的抵押物等因素，也在很大程度上制约了金融机构的放贷积极性。再加上对农民工创业指导上存在不足，相当一部分返乡创业人员创业项目可操作性不强，特别是创业项目亮点不足在很大程度上影响创业成功性，也必然影响金融机构对其扶持的积极性。

即使有小部分创业农民有机会获得贷款支持，但贷款流程较长，业务审批程序较为复杂，这也会导致农民工丧失创业积极性。现在农民工返乡创业贷款仍然沿用以往的贷款流程，办理每笔贷款涉及金融机构、财政、劳动保障等部门，在金融机构发放贷款前需要一系列申请、推荐、审批等程序，中间环节较多，并且各部门之间没有建立协调机制，办理一笔贷款往往需要花费很长时间。另外，贷款额度的限制使得多数农民工不能成功创业。农村信用社规定发放创业小额贷款的额度最高为 2 万元，而多数农民工所需资金除自筹外，至少要 3 万元。因此，金融机构增加金融服务产品系列是解决农民工创业融资难题的一个有效举措。

四、社会保障机制不健全，没有消除农民工创业的后顾之虑

社会保障机制是在国家的法制架构内，对社会成员的基本生活权利给予保障的社会安全制度，它本身构成农民工个体社会资本的一个方面。目前中国社会保障覆盖面小，保障程度低，保障政策较差，农民工没有被很好地纳入社会保障体系之中，社会福利保障政策不健全，使返乡农民工创业有后顾之虑。在城乡统筹发展中，返乡农民工应该享有一系列社会提供的同等的社会保障，但就目前的情况来看，返乡农民工基本上处于社会保障制度的结构之外，严重影响了农民工的创业和发展。

第四节 新生代农民工的返乡创业问题

所谓新生代农民工，即在 20 世纪 80 年代以后出生的进城务工的农村人群。在目前城市化加速发展的时代背景下，新生代农民工已经逐步变成进城劳务群体的中坚力量，并且在思维意识、个人观点和行为习惯上都和以往的外来劳务人群有着少许不同。但因为目前城乡体制的差异，大量新生代农民工很难在城镇落户扎根。所以，新生代农民工在进城务工几年之后大都会选择回乡就业，在此之中也有很大一部分新生代农民工回乡后选择自主创业。

一、新生代农民工返乡创业的背景探究

（一）城乡体制差异是新生代农民工回乡创业的根本原因

由于城乡体制的差异，我国新生代农民工准备在城市落户时常常会碰到关

于户口、教育、医疗等体制方面的障碍。所以，大多数新生代农民工看不到扎根城市的希望，此时他们就会选择回乡就业或者进行自主创业。所以说，城乡体制的差异在某种程度上阻碍了中国经济社会的进步，并且使社会资源的分配失去平衡，因而城乡体制差异也是新生代农民工回乡进行自主创业的根本原因。

（二）城市融入障碍是新生代农民工回乡创业的社会因素

新生代农民工为现代化城市的提高和发展提供了中坚力量，但是目前在中国的城市，歧视农民工的情况却屡见不鲜。大部分外来劳务人员由于在思维意识、个人观点和行为适应等方面都和城市群众有着一定的差距，所以难以真正地融入城市生活。除此之外，外来务工人员也很难担负起城市日见上涨的物价。所以，回乡进行自主创业必然成为他们的首选。

（三）传统思想观念是新生代农民工回乡创业的思想动力

新生代农民工大部分都在农村出生和成长，即便他们已经具备一定的学历并且在城市里拼了很多年，却依然没有办法完全跳脱出传统的思想观念。家庭群居方式、养老意识等传统思想都促使新生代农民工选择回乡就业或者进行自主创业。

二、新生代农民工返乡创业出现的困难

（一）经营管理能力不强

新生代农民工是否可以顺利进行创业的主要因素就是是否具备较强的经营管理能力。但是从实际情况来看，新生代农民工通常都有着经营能力不强的弱点。这主要是因为：①虽然大多数回乡自主创业的农民工都通过在城市的工作获取了部分关于创业的技巧并且具有一定的经验，但是这些技巧和经验大部分都是零零散散的，他们中大多数都没有受过专业的创业培训。②回乡自主创业的农民工因为获取的关于自主创业的专业知识比较少，这就容易使他们在自主创业时难以避免产生"空有抱负、能力不强"的问题，从而降低自主创业的质量。③回乡自主创业的新生代农民工在长期的城市务工生活中，可能会生发出"失去抱负、得过且过"的心态，从而致使创业信心减弱，后续发展不强劲。

（二）创业期间出现融资难的问题

新生代农民工在回乡自主创业的时候通常需要大量的资金支持，特别是想进行一定规模的创业，资金支持更是不可缺少。但是从目前农民工回乡创业的实际情况来看：①因回乡自主创业的新生代农民工进城工作的时间不长，资金累积不足，通常在创业的初始阶段大都依靠的是外部投资。②因为回乡自主创业的新生代农民工年龄比较小并且长期不在家乡，那么他们在家乡的人脉结构通常都不够壮大，这就致使他们发展的融资大都是从十分亲近的亲属老友之间获得。这不仅限制了融资范围，也在某种程度上限制了融资数额。③因为目前正规的金融组织所给予的低利息无抵押创业贷款都要求有相应的证明，如学历认证、SYB培训证明等，但是新生代农民工因受限于学历，通常都没有办法拿出这些证明，只能退而求其次，申请需要抵押的创业基金，这就提高了融资的难度。

（三）创业生态环境需要改善

创业生态环境不良给返乡自主创业的新生代农民工造成一定的困难。具体问题如下：①治安管理水平需要提升。因为外来务工人员的家乡大多都是偏远山区和经济落后的地区，这些地区因受多方面因素的影响，在治安管理上和发达地区相比还有一定的差距。新生代农民工在创业期间可能会遇到不良社会青年挑衅生事，滋扰正常的生产秩序等问题，这很不利于农民工返乡创业的成功展开。②各部分配套设施不完善。因为新生代农民工返乡自主创业地区大都经济落后，本地的各项配套设施仍然很不健全，运输、通信、供电等极不完善，这就会为新生代农民工返乡自主创业带来极大的挑战。③各项批核程序仍然比较复杂。在目前简政放权的号召下，中国自主创业的环境已经较为明显放宽并且各项批核方式也已经较为简单，但是仍然留存大量复杂烦琐的批核程序。这不但会提高农民工自主创业的经济负担，同样会消磨他们的创业激情。

三、新生代农民工返乡创业出现困难的解决方案

（一）加强对新生代农民工返乡创业的培训

我国政府和有关机构需要积极地行动起来，通过创办技术培训班等方式来对返乡创业的农民工在创业讯息吸收、创业技术运作等方面展开有效的培训。政府可以和科学研究院及高等院校合作，对进行自主创业的农民工开展专业化

的培训，以提高他们的创业能力；政府也可以聘请相关专家，定期开展下基层活动，面对面地指导新生代农民工的返乡创业工作，为他们解答疑惑。

（二）提高政府和金融组织支持新生代农民工返乡创业的力度

我国政府和金融组织需要采取积极的行动，用实际行动解决新生代农民工返乡自主创业所碰到的融资问题。政府能够通过财政专款，为返乡创业的新生代农民工在产品开发、企业发展等方面提供一些资金支持；政府需要依据自主创业农民工的现实情况，改进创业贷款类型，提供适合创业需要的贷款类型；金融组织在考虑利益的同时也应该考虑社会利益，有针对性地推出适合返乡自主创业农民工需要的金融产品，并且派专业人士向他们普及金融知识，简化手续。

（三）逐渐优化新生代农民工返乡创业的环境

针对目前新生代农民工在回乡主动创业的时候遇到的创业环境不优良的困难，我国的各级政府机构需要通过积极的行动来解决此项问题：①提高治安管理水平；②完善各项社会措施；③持续简化各项批核程序。

第八章　总结和政策建议

第一节　促进农村剩余劳动力长距离转移和鼓励回流创业相结合是中国当前城市化阶段的有效政策思路（两个结合）

前面的论证已经显示，单纯考虑农村劳动力转移的政策供给和单纯考虑城市化进程都是效率低下的，制定有效的劳动力转移政策必须在城市化背景下进行。同时，任何单纯以转移为目的劳动力异地转移城市化和就近转移城市化都是不符合当前农村劳动力微观特征和城市发展阶段特征所能够容纳的要求和需求的。因此，笔者将本课题下的政策归纳为两个结合。

一、将农村剩余劳动力转移和中国城市化进程结合在一起

（1）要将农村剩余劳动力转移和中国人口城市化进程结合在一起。尽力实现农村剩余劳动力转移的持久性。持久性是指农村剩余劳动力城市化过程具有永久性，这要求他们不只是要在城市里找到工作，而且能够在城市中定居下来，实现农民市民化，获取城市户口，并且取得相应的市民待遇。

（2）要将农村剩余劳动力转移和城市规模化进程结合在一起。由于我国城市发展的阶段性和城市本身资源的承受能力，城市不可能无限扩张，而同时，必须考虑当前农村劳动力素质和城市人口素质的差异性，我们认为农村剩余劳动力的最终城市化地点应当选择在离农村更近的小城市和城镇。

二、将农村剩余劳动力的长距离转移和吸引农村劳动力回流就业、创业结合在一起

（1）在当前农村劳动力素质情况和教育的长期性矛盾的背景下，积极促

进农村劳动力稳定、持续地长距离转移。这样做的好处是十分明显的，农民可以迅速提升个人素质，城市则获得廉价的劳动力，二者实现双赢。同时，农村劳动力在农村和城市之间流动的过程中，实现了城市农村的要素流动，两个开放系统之间通过要素流动则更容易实现城乡一体化发展。

（2）要积极促进农村劳动力回流就业和创业。这一点是十分重要的，原因前面已经论述。通过促进他们回流转移，城市减轻资源承载压力，靠近农村的小城市和城镇则获取宝贵的人口红利资源。同时通过回流转移这一重要过程，还有效带动了东西部产业转移，加快了城镇化进程。

第二节　相关具体政策与建议

一、深化支持长距离转移的政策

国内外学者的研究一致证明，农民工的预期收益状况最终决定其是否外出打工。也就是说，向城市转移决定于城市预期收益和迁出成本的差额。而城市预期收益则决定于城市打工收益和城市生活支出。按照这个逻辑，要吸引大量农民工向大中城市转移，一方面要关注农民工的工资收入，另一方面要关注他们的生活成本。沿海优先发展战略已经实施三十年，其工业化、城市化的发展已取得巨大成就。按照外出打工六个月以上的统计口径，已有相当数量的农民工生活在沿海城市或城镇，并且长期从事非农职业工作。通过一定的政策改革配套，让这部分人群尽可能稳定而持久地留在城市，无疑是社会成本和经济成本较低的选择，也是道德层面上更为合理的选择。应采取以下几个方面的配套政策改革措施：

（一）住房保障政策应扩大至所有常住人口

住房问题涉及不可再生的土地资源，这使得房屋这一生活必需品具备太多的资产性质。外部环境演变所导致的不可预知和不可控的房产价格暴涨，使得作为外来者的农民工其社会资本、人力资本都难以承受。原城市居民的住房问题多数是依赖于其社会资本的继承性（如原有房屋拆迁、父母遗产等）和人力资本的延续性（城市教育资源）等已有条件来解决的。少数不具备这些条件的城市居民则可享受完备的住房保障。目前外来农民工一般不能享受这一政策。这实际上是所谓户籍制度福利中利益差异最大的一块。因此，从政策上明确将住房保障对象逐步扩大到所有常住人口，是对农民工长距离转移的最有力支持。从另一个角度来看，用来自所有纳税人的财政收入只保证户籍居民的公共福利是不合理的。且从长期来看，这必然会成为一个严重的社会隐患。所以，住房保障制度改革不仅要消除农民工长距离转移中的一个重大障碍，也是创建和谐社会的一个必然选择。

对于有可能实现长距离转移的农民工人群，就业问题已经基本解决，否则他们就不会在城市中停留。其收入虽然偏低，但基本足以支付其在城市中的生活费用。只要政府能够在他们无力支付的房屋资产价格问题上给予适当的公共福利支持，将其纳入公租房保障对象范畴，更大范围稳定的长距离转移是完全有可能实现的。

（二）教育资源配置应按常住人口规划建设

公共教育资源的供给是提升农民工人力资本的一个重要方面，实现这一过程需要较长时间。我国政府实际上对农民工的职业培训是较为重视的，但政府统一提供的教育培训资源却并没有得到农民工的热烈响应。究其原因，农民工长距离转移进入城市，其生存压力巨大，只能把更多的时间用于打工挣钱而不是参加培训；另外，政府部门组织的职业培训一般目的性都不够强，很难和将要寻找的工作岗位对接。所以，农民工实际得到的教育培训更多的是企业的上岗培训。而进城农民工真正迫切需要得到的是下一代的教育机会，也就是义务教育资源。从世界各国的城市移民经验来看，第二代移民通过教育提升人力资本是最为现实的。而这正是我国户籍制度约束下教育资源配置的弱项。

"持户口本前来报名"，这是我国中小学入学招生通告中的强制性条款。但当户籍的取得方式不是登记，而是出生、婚姻、入伍、转业、调动等约束性很强的方式时，义务教育资源的分配就成为一个受到严格控制的问题了。农民工子女的入学问题一直是我国发达城市的老大难问题，主要表现在教学资源严重不足。究其原因，主要在于城市教育资源分布的规划依据，仍然是以户籍人口分布为主。实际上很多政府部门至今拿不出一个准确的外来常住人口分布数据。外来人口统计常常来自企业员工的就业登记，从中是很难得到外来人口适龄子女数据的。因此，义务教育资源的分布难以满足实际存在的农民工及其他常住人口子女接受教育的需求。只有部分农民工子女以借读形式进入城市学校，这使得多数农民工子女要么在城市辍学，要么回家成为留守儿童。如此一来，下一代农民工的人力资本基本上在其父辈的原有水平上重复。这一局面应该得到迅速的改变。

农民工输入地政府应当建立起以全部常住人口数据为基础进行教育资源规划及分配的制度，从人力资源成长的长期战略角度，巩固三十年来城市化的成果，确保农民工多年来通过长距离转移而进行的城市化努力有相应的回报。

（三）面对现实建立城市低收入人群聚居区，支持农民工顺利转移

20世纪90年代以来，我国部分学者对南美城市化的片面考察结论导致社会各界对所谓的城市贫民窟谈虎色变。这使得城市规划尽力避免低收入人群集中居住的现象出现，就连保障性住房建设都极力采用插花形式进行规划分布。实际上在工业化加速期，城市化进程发展迅猛，城市区域对农村劳动力的需求极大。而应工业化召唤而来的农民工所拥有的社会资本和人力资本只能应付其传统的生产和生活方式，而且跨地域意义的转移使得这点对城市区域而言微不足道的资本更显得毫无价值。因此，在城市里或城市周边寻求低居住成本和低生活成本区域，是农民工进入城市初期的重要需求。但现实的规划思路是力图避免低收入人群聚居区的出现。于是，我们见到的普遍局面是：农民工要么在城市居民聚居区支付更高的居住和日常生活成本（"合伙分担"是他们想得出、做得到的最好办法，但"合租"已被有些城市以安全名义禁止），要么就需要通过承担更高的交通成本（费用与时间）去城乡接合部的所谓棚户区居住。实际上，我们多年来对低收入人群聚居区的排斥，并没有杜绝低收入人群聚居区的存在，而是不断地把他们推向更远、交通更不方便的郊区。这无疑使得整个城市化的社会成本大大增加，让农民工（还包括异地大学毕业生）长距离转移融入城市化工业化领域的过程变得更加无序、综合成本更高。

合理地规划和建设低收入人群聚居区，是对农民工长距离转移的巨大支持。低收入人群聚居区是客观存在的，它能够给刚刚进入城市的人群一个生活成本相对低廉的生存空间，是低收入人群向上成长的一个台阶。拒绝、封杀低收入人群聚居区从道德上讲是不公平的，高收入人群聚居区固然美观整洁，但对低收入人群是不适用的。一旦低收入人群获得更高的收入，他们自然就会搬离。近期中央提出建设1 000万套保障性住房的规划，在其实现过程中，基于成本的约束，必然会形成若干低收入人群聚居区。建议各地政府有意识地规划、设计、引导、建设一些交通便利、基础设施合理的低收入人群聚居区。这无疑将会给中国整个城市化的进程以及农民工的长距离转移提供一个宽松、便利的环境。

以上政策建议旨在将农民工长距离转移实现城市化的过程变得更加有序，使得转移的进程更为顺畅，转移的成果更为稳定。工业化的启动使得劳动力的

就业产业成为一个开放的系统，劳动力可以在其中自由地流动。但与此同时，我们的住房保障制度、教育资源分配制度、城市规划体系却仍然处于封闭的状态。这无疑会使得以对外开放撬动的中国工业化、城市化进程遭遇更多的障碍。开放的产业意义的劳动力转移与封闭的地域意义的劳动力转移的矛盾必须要有一个完善的解决方案。从政策上把农民工长距离转移与城市化相结合的意义正在于此。

二、加大支持回流型转移力度，促进农民工创业，避免非转移性回流

由于中国工业化以出口加工型产业为起步战略，近三十年来的劳动力转移大多表现为长距离转移，而世界市场的周期性或非周期性的波动，必然会导致或多或少的回流。年龄、婚姻等社会因素也都会导致部分回流。如前文所述，农民工在转移过程中社会资本、人力资本和金融资本都得到一定程度的增长，那么回流农民工能否将这些资本带回家乡发挥作用，是政府部门应当高度重视的问题。换句话说，地域意义的回流不可避免，但产业意义的回流却是应当极力避免的。

（一）调整招商政策优惠序列，积极承接劳动密集型产业西移

中国改革开放自出口加工业开始，到今天成为世界制造工厂，得益于劳动密集型产业的发展。这一发展特征主要是资源约束作用的结果。我国到目前为止，最为强大的资源仍然是数量巨大的廉价劳动力资源，其次是廉价土地资源以及由此而得益的迅猛发展的基础设施体系。农民工输出地政府要想极力引导回流农民工留在非农产业发展，仅靠其本地发展起来的非农行业是远远不够的。解决大部分回流农民工问题的关键是趁势迎接东部劳动密集型产业西移，以此解决农民工地域回流而产业不回流的问题。

农民工的地域性回流对输出地而言是一个重获人口红利的机会。过去，人口学和社会学意义的人口红利被沿海地区以产业优势轻松拿走，现在随着农民工的回流机会重现。如果不能抓住机遇，让回流农民工重归农业，这部分人口红利就会被我国贫瘠的土地资源白白耗散。因此，农民工输出地政府应当调整招商引资政策优惠序列，把劳动密集型产业作为主要引进对象，抓住机遇，迎接产业西移和人口红利的重新分配。

（二）制定优惠政策支持农村劳动力回乡创业

农民工以回流形式完成其就业产业转移的另一有效途径是鼓励农民工回乡创业。在 2008 年到 2009 年的农民工大回流时期，各地政府都有一些优惠政策推出，现在需要做的，是将这些政策系统化、常态化。

农民工回乡创业是农民工的资本积累与改革开放 30 多年来农民收入大幅度提高、新农村建设取得成就的一种融合。农民收入的提高使农民产生新的物质或精神的需求，但对于这类需求的满足，城市资本却很难做到。农民分散居住和交通条件使得外来资本无法承担其相应的成本。而返乡农民工由于地利、人和之便，运作成本相对低很多。所以，农民工及其积累的打工收入（或能够撬动的金融资本）非常适合在农村创造出非农就业的机会。

（三）推动农村金融体系改革，为回流农民工创业提供金融支持

中国人多地少，传统农业规模不大，历史形成的简单赊账体系就足以满足农业种养殖活动的需要，现有的农村信用社体系也能为规模较大的种养殖经营户提供支持。但回流农民工的非农创业贷款需求由谁来满足是一个亟待解决的问题。实际上，农村的非农贷款业务是一个真空地带。在农村及小城镇区域，只有中国农业银行和农村信用社的网点，其重点是支持农业生产活动。虽然已有部分农民通过人脉资源以农业生产的名义贷出款项从事非农经营，但这毕竟不符合金融机构的管理规定。所以，农民工的回流会逐步产生较大的非农经营的金融需求，建议政府寻求金融体制创新来满足这一需求。

（四）完善回流农民工就地城镇化配套政策

农民工回流不回农业，必然导致另一种需求的产生：发展小城镇化、就地城镇化。分散的农业居住形式显然不适合非农的生产方式和生活方式，因此，我们忽视多年的小城镇建设，应当迅速提上日程，以支持回流农民工的就地城镇化。

农村小城镇建设，是中国农村城市化在具体地域中的独特形态，中国近30 多年来发展模式所形成的特有约束条件，迫使我们去探索一条具有中国特色的城市化发展道路。现实是，大力发展农村小城镇可以使之成为当地政治、经济和文化中心。人口的适当聚集可以促进小城镇服务业的发展。小城镇可以根据自身资源禀赋，发展交通运输、仓储、批发、零售、住宿、餐饮、金融、房地产、教育、卫生、体育、娱乐等行业。由此，不仅可以有效转移农村富余

劳动力，而且有利于提高小城镇居民的素质和生活质量。

以上各项建议是针对目前农民工回流的现实提出的。外部环境变化所导致的农民工回流，是中国经济转型期的一个重要变化。如何让农民工地域意义的回流不至演变为产业意义的回流，是各农民工输出地政府今后 5 至 10 年内的工作关键。实质上，这是一场产业梯度转移中中西部地区地方政府的激烈竞争。竞争涉及两个方面：一是要抓住本地工业化的发展机遇；二是外出农民工带回的人力资本及社会资本的增值不能被浪费，同时也是中西部要抓住中国人口红利的机会。由此，中西部地区的社会经济发展水平才能获得一个有序向上增值的机会。否则，局部地区就可能陷入回流农民工回归田园、继续在稀缺土地资源约束下从事农业生产的怪圈。所以，以适当的制度设计，使得农民工的回流型转移成为中国工业化进程中一种大量农业人口有序参与城市化的有效模式，无疑是一项在目前转变发展方式、促进经济转型工作中值得高度肯定的决策。

第三节　引导进城农民工有序回流

《中共中央关于全面深化改革若干重大问题的决定》指出："推进农业转移人口市民化，逐步把符合条件的农业转移人口转为城镇居民。"农业转移人口是我国改革开放以来形成的一个特殊群体，在中国工业化和城市化进程中做出了历史性贡献。但是，一些人认为农业转移人口城市化就是农民工留在城市继续务工，这种观念忽略了农业转移人口行为特征的多样性，也没能把城市化进程放到经济发展方式转型的大背景下加以分析，值得进一步深入思考。

一、关注"逆城镇化"现象，推动农民工有序回流

近半数进城务工人员倾向于回到农村和小城镇。国家统计局发布的《全国农民工监测调查报告》显示：到 2015 年年末，中国进城务工人员已达到 2.89 亿人，这背后还牵涉留守农村的老人和儿童，这个庞大人口群体做出的行为决策，无疑会对我国城镇化、工业化、农业现代化进程产生广泛而深远的影响。有观点认为：农业转移人口城市化，就是要把进城务工人员留在城市，继续受雇务工。实际上，进城务工人员市民化有多种途径，农业转移人口既可以选择留在城市，也可以选择回到农村或周边小城镇。近期，南京财经大学所开展的进城务工人员调研（以下简称调研）表明：在工作地点选择上，倾向于留在城

市的进城务工人员占到总数的 50.5%，而选择回农村和离家乡较近小城镇的人员也分别占到总数的 28.5% 和 21.0%，呈现出明显的"逆城镇化"趋势。

对于推动经济发展方式转型，进城务工人员回流意义重大。①有利于加强供给方与需求方的对接。进城务工人员向农村和小城镇回流，将提升农村和小城镇的消费市场容量，有效推动企业去库存、去产能。同时，进城务工人员的回流，也将带动资金、技术、管理方式等生产要素向农村和小城镇转移，推动企业加快创新步伐，提升供给质量水平。②农业转移人口向农村和小城镇回流，将深刻影响我国产业结构调整的力度和方向，特别是有利于加快我国服务业的发展。调研表明：在未来从事行业的选择上，进城务工人员倾向于进入服务业的比重高达 45.0%，进城务工人员回乡从事服务业，特别是进入物流、电子商务、农村旅游等附加值较高的服务业，将成为我国服务业发展的新路径、新形式。③有利于"大众创业、万众创新"政策的推进和实施。调研表明：有 37.6% 的进城务工人员倾向于选择自主创业，进城务工人员通过在城市工作积累资金和技术，回到农村和小城镇后，可以更好地开展创业活动。相对于城市人员，进城务工人员回乡创业的方向更为广阔，不仅可以扎根传统的农业和制造业，也可以在新兴的服务业、现代农业中大展身手。

二、"人口红利"和"教育红利"协同发挥作用

"80后""90后"进城务工人员也有回流要求。调研表明：在 16～25 岁年龄段的进城务工人员中，选择未来回到农村和小城镇就业生活的比重达到 38.7%。新生代农民工向农村和小城镇回流，将有利于发挥"人口红利"和"教育红利"的协同作用。一方面，新生代农民工都是青壮年劳动力，他们的回流将弥补农村和小城镇的劳动力缺口，提高劳动力人口占总人口的比重，从而发挥"人口红利"的作用。另一方面，新生代进城务工人员拥有更高的受教育水平，通过在城市务工又获得一定的劳动技能，回乡后可以从事对劳动者综合素质要求更高的工作。正如调研结果所显示的，55.2% 的新生代进城务工人员倾向于进入服务业工作，44.2% 的新生代进城务工人员会选择自主创业，两个指标都显著高于老一辈进城务工人员。在"人口红利"逐步减少的背景下，新生代农民工回到农村，这就为农村经济发展提供了"教育红利"，这对于推动农业现代化进程、激发农村经济活力是大有裨益的。

三、完善体制机制，引导进城务工人员有序回流

拥有农村户口可以享受宅基地补贴、征地补偿、集体收益分配权等多重政

策优惠，这在一定程度上引发盲目的进城务工人员回流现象。因此，应完善体制机制，引导进城务工人员合理、有序、稳定地回流。①提升农村和小城镇的基础教育水平，改善基础教育条件。调研表明：将子女接到身边的进城务工人员更倾向于留在城市，原因在于进城务工人员十分重视子女教育，但目前城乡基础教育水平还存在较大差距。因此，加强农村和小城镇基础教育，有助于吸引进城务工人员向农村和小城镇回流。②积极稳妥地推动农地流转体制改革，确保农民的土地使用权收益。调研表明：当进城务工人员不再务农或家庭土地已经流转时，会更多地选择留在城市。因此，应积极稳妥地推动农地流转体制改革，建立和完善家庭农场、合作社等多种农业生产组织，避免"一刀切"、简单化地推行土地私有化，发挥土地对农民的依托保障作用。③积极发展农村社会文化事业，营造良好友善的人文环境。调研表明：有89.3%的进城务工人员认为城乡社会文化生活差距很大，这种差距是阻碍进城务工人员回流的重要因素。因此，应积极发展农村社会文化事业，加快和促进社会公共服务体系建设和文化休闲娱乐产业发展，为进城务工人员提供享受城市生活的同等机会，吸引他们向农村和小城镇有序流动，安居乐业。

参考资料

一、中文文献

（一）专著

白南生，宋洪远，等.回乡，还是进城？——中国农村外出劳动力回流研究 [M].北京：中国财政经济出版社，2011.

蔡昉，都阳，王美艳.劳动力流动的政治经济学 [M].上海：上海人民出版社，2012.

陈双梅，郝树声，张谦元.2009—2010年甘肃省舆情分析与预测 [M].兰州：甘肃人民出版社，2009.

甘肃年鉴编委会.甘肃年鉴 2009 [Z].北京：中国统计出版社，2009.

韩俊.中国农民工战略问题研究 [M].上海：上海远东出版社，2009.

赖涪林.长三角农民工的非稳态转移——理论探讨、实证研究与现状调察 [M].上海：上海财经大学出版社，2009.

四川省统计局，国家统计局四川观察总队.四川统计年鉴 2010 [Z].北京：中国统计出版社，2010.

中国发展研究基金会.中国发展报告 2010：促进人的发展的中国新型城市化战略 [M].北京：人民出版社，2010.

（二）学位论文及期刊报纸

蔡昉，都阳.迁移的双重动因及其政策含义——检验相对贫困假说 [J].中国人口科学，2011 (4).

陈芳妹，龙志和.相对贫困对农村劳动力迁移决策的影响研究——来自江西的经验分析 [J].南方经济，2015 (10).

陈江平.文县返乡农民工基本实现全就业 [N].陇南报，2009-06-04 (001).

陈美球.论土地制度对农村城镇化进程的作用 [J].中国土地，2009 (11).

陈美球，肖鹤亮，何维佳，等.耕地流转农户行为影响因素的实证分析——基于江西省 1396 户农户耕地流转行为现状的调研 [J].自然资源学报，2017，23 (3).

陈文亮.培训促输出技术促就业，山丹大力培训返乡农民工 [N].张掖日报，2010-01-15 (002).

陈锡文.需为新生代农民工融入城镇提供条件 [J].农村就业通讯，2009 (15).

邓俐.重庆三剂"良方"助返乡农民工创业 [N].农民日报，2009-12-02 (001).

费杰.农民工返乡创业的阻碍因素及对策 [J].行政与法，2017 (9).

高学良.随州市建筑业农民工培训问题研究 [D].武汉：华中农业大学，2010.

葛万鹏.旧日打工者今天创业者，金塔县大力施行返乡创业工程 [N].酒泉日报，2010-08-23 (001).

辜胜阻.支持农民工多模式创业 [J].瞭望，2009 (13).

韩俊，崔传义.中国农民工回乡创业面临的困难及对策 [J].经济纵横，2017 (11).

何皆新.回流农民工的回流地域选择问题研究——基于"推—拉"理论的分析视角 [D].长沙：湖南师范大学，2017.

黄慧.农民工回乡创业行为分析——以兴国县农民"创业潮"为例 [J].天津市工会管理干部学院学报，2007 (2).

简新华，张建伟.从农民到农民工再到市民——中国农村剩余劳动力转移的过程和特点分析 [J].中国地质大学学报（社会科学版），2016 (6).

蒋乃华，卞智勇.社会资本对农村劳动力非农就业的影响 [J].管理世界，2016 (12).

金沙.中国农村外出劳动力回流研究 [D].兰州：兰州大学，2009.

孔喜梅.中国劳动力回流问题研究述评 [J].山西师大学报（社科版），2010 (3).

李功奎，钟甫宁.农地细碎化、劳动力利用与农民收入——基于江苏省经济欠发达地区的实证研究 [J].中国农村经济，2015 (4).

李国祥，罗万纯.走近新生代农民工 [J].时事报告（大学生版），2010 (1).

李含琳.对中国农民工返乡创业的经济学考虑 [J].青海师范大学学报，2017 (5).

李培林，李炜.农民工在中国转型中的经济方位和社会心境 [J].社会学研究，2016 (3).

刘唐宇.中部欠发达地区农民工回乡创业影响因素研究［D］.福州：福建农林大学，2010.

刘涛，曲福田，金晶，等.土地细碎化、土地流转对农户土地利用效率的影响［J］.资源科学，2017，30（10）.

刘晓宇，张林秀.农村土地产权稳定性与劳动力转移关系分析［J］.中国农村经济，2017（2）.

刘亚平.新生代女农民工群体剖析——知名社会学家陆学艺、刘开通访谈［J］.同舟共进，2016（8）.

龙志和，陈芳妹.土地禀赋与农村劳动力迁移决策研究［J］.华中师范大学学报（人文社会科学版），2016，46（3）.

罗静，李伯华.外出务工农户回流意愿及其影响因素分析——以武汉市新洲区为例［J］.华中农业大学学报（社会科学版），2017（6）.

罗明忠.农村劳动力转移后回流的原因：逻辑推演与实证检验［J］.经济学动态，2017（1）.

马红梅，金彦平.全球金融危机下中国农民工回流问题研究［J］.农业经济，2009（3）.

梅松武.返乡创业是新趋势［N］.四川日报，2009-04-12（001）.

裴睿.沿海的工友，欢迎你回成都就业——我市发动人才"回引工程"，招募外出务工人员回乡就业创业［N］.成都日报，2010-11-01（002）.彭代彦，赖谦进.农村基础设施建设的福利影响［J］.管理世界，2017（3）.

秋风.新生代农民工——"血汗工厂"的挑战者［J］.现代人才，2010（1）.

盛来运.中国农村劳动力外出的影响因素分析［J］.中国农村观察，2016（3）.

石学峰.建立健全农民工利益表达机制［J］.江南论坛，2009（5）.

司小平.文县积极应对农民工返乡潮［N］.陇南报，2009-03-03（002）.

孙超.新农村建设背景下农村劳动力转移的影响因素研究［D］.武汉：华中农业大学，2010.

孙书青.农民就业现状与对策［D］.武汉：华中农业大学，2010.

陶然，徐志刚.城市化、农地制度与迁移人口社会保障——一个转轨中发展的大国视角与政策选择［J］.经济研究，2014（12）.

田经燊.返乡农民工家乡认同感实证研究［D］.武汉：华中农业大学，2010.

田先红.返乡农民工农村适应的代际差异——兼谈金融危机对农民工群体的影响［J］.东岳论丛，2009（7）.

王春兰，丁金宏.流动人口城市居留意愿的影响因素分析［J］.南边人口，2016

（1）.

王东生，郑宽明.金融危机下解决返乡农民工就业的思路［J］.解决观察，2009（6）.

王君君.金融危机视角下当前中国农民工失业问题解析［J］.长春理工大学学报（社会科学版），2009（6）.

王林.关于解决农民就业的几点建议［J］.世纪行，2009（3）.

王民强，潘锦云.农民工返乡创业对新农村建设的影响——从产业发展角度［J］.特区经济，2010（4）.

王志刚.耕地、收入和教育对农村劳动力转移的影响［J］.农业技术经济，2012（5）.

向婧.统筹城乡改革重庆特征：从进城打工到返乡创业，重庆农民工城乡"双向流动"［N］.重庆日报，2010-05-11（A01）.

许庆，田士超，徐志刚，等.农地制度、土地细碎化与农户收入不平等［J］.经济研究，2017（2）.

阳立高，廖进中.农民工返乡创业问题研究——基于对湖南省的实证分析［J］.经济问题，2017（4）.

阳立高，廖进中，柴江艺.加大财政扶持力度促进农民工返乡创业［J］.财政理论与实际，2017（3）.

杨代军，傅利常，陈泳.金堂县对外出返乡创业者积极施行"回引工程"［N］.成都日报，2016-06-12（A03）.

杨渝红，欧名豪.土地经营规模、农村剩余劳动力转移与农民收入关系研究——基于省际面板数据的检验［J］.资源科学，2009，31（2）.

姚从容.论人口城乡迁移与农村土地产权制度变迁［J］.人口与经济，2012（2）.

姚俊."路在何方"：新生代农民工发展取向研究——兼与老一代农民工的比较分析［J］.青年研究，2010（6）.

衣保中，张凤龙.吉林省农村土地流转和农村劳动力转移的相关分析［J］.农业科技管理，2017，27（4）.

游益.中国农村劳动力的回流现象研究［D］.福州：福建师范大学，2017.

张辉金，萧洪恩.农民工回流现象的深层考虑［J］.农村经济，2015（8）.

张良悦，刘东.农村劳动力转移与土地保障权转让及土地的有效利用［J］.中国人口科学，2017（2）.

张世伟，赵亮.农村劳动力流动的影响因素分析——基于生存分析的视角［J］.

中国人口资源与环境，2009，19（4）.

张术环，张文萃.农民工回流问题研究总述［J］.经济纵横，2009（2）.

张务伟，张福明.农村剩余劳动力就地转移和异地就业影响因素实证分析——基于对山东省17地市1873户农民的观察［J］.农村经济，2017（6）.

张笑寒，黄贤金.论农地制度创新与农业劳动力转移［J］.中国人口资源与环境，2012，13（5）.

张宗益，周勇，卢顺霞，等.西部地区农村外出劳动力回流：动因及其对策［J］.统计研究，2016（12）.

赵亚萍，邱道持，石永明，等.浅析农村劳动力转移与宅基地流转关系——以重庆市璧山县为例［J］.乡镇经济，2017（9）.

赵耀辉.中国农村劳动力流动及教育在其中的效果［J］.经济研究，1997（2）.

"中国农村劳动力流动"课题组.农村劳动力外出就业决策的多因素分析模型［J］.社会学研究，1997（1）.

邹海森，杨明杏，黄望林.大力施行回归创业工程，提高劳务经济开发层次［J］.政策，2017（6）.

（三）电子文献

2009年文县经济社会发展回眸［DB/OL］.甘肃文县网，http：//www.gswx.gov.cn/html/News/JRWX/2010/2/102191559266EBK0H3G4G96ECGA38H1.html，2010−02−19.

甘肃文县返乡农民工家乡创业写实［EB/OL］.新农村商网，http：//nc.mofcom.gov.cn/news/7642120.html，2009−02−26.贺雪峰.农民外出务工的逻辑［DB/OL］.中国推举与解决网，http：//www.chinaelections.org/NewsInfo.asp? NewsID=179410，2010−06−11.

胡旭欣.勇立潮头，开县迎返乡创业潮，老板员工都"回家"［EB/OL］.http：//www.chinadaily.com.cn/dfpd/chongqing/2010−10−25/content_1071595.html，2010−10−25.

金堂县统计局.2009年金堂县国民经济和社会发展统计公报［EB/OL］.http：//www.chengdu.gov.cn/GovInfoOpens2/detail_allpurpose.jsp? id=9VyuSclTxBL5bLvG7UoU，2010−04−12.

开县：建500亿级返乡创业园，入园享受大量优惠［DB/OL］.http：//www.cq.xinhuanet.com/qxwq/2010−07−09/content_20295708.htm，2010−07−09.

开县"四大模式"引凤还巢，打造中国西部返乡创业园［DB/OL］.http：//

www. cq. chinanews. com/n/20101125/268200. shtml，2010－11－25.

开县统计局，国家统计局开县观察队. 2009 年开县国民经济和社会发展统计公报 ［EB/OL］. http：//www. cqkx. gov. cn/2010/3/09334265583. html，2010－03－10.

兰州市人民政府关于进一步促进以全民创业带动就业的实施意见 ［EB/OL］. http：//www. lanzhou. gov. cn/zwgk/zcwj/szfwj/655. htm，2010－12－05.

四川采取概括模式帮助失岗返乡农民就业 ［DB/OL］. 中国经济导报，http：//www. ceh. com. cn/ceh/xwpd/2009/2/23/9164. shtml，2009－02－23.

文县农民人均纯收入突破 2009 元 ［EB/OL］. 甘肃文县政府网，http：//www. gswx. gov. cn/html/News/JRWX/2010/1/1012192535BIIH4E56718684E82507. html，2010－01－21.

余立洲. 谭作中返乡创业撑起一片艳阳天 ［EB/OL］. 重庆开县政府门户网，http：//www. cqkx. gov. cn/2015/4－5/14273730885. html.

二、外文文献

Adams，D. W. Rural migration and agricultural development in Colombia ［J］. Economic Developme nt and Cultural Change，1969，17 (4).

Barbieri，A. People，Land and Context：Multiscale Dimensions of Population Mobility in the Ecuadorian Amazon ［D］. Doctoral Dissertation of The University of North Carolina. Chapel Hill，2014.

Besley，T. Property rights and investment incentives ：Theory and evidence from Ghana ［J］. The Journal of Political Economy，1995，103 (5).

Bhandari. Relative deprivation and migration in an agricultural setting of Nepal ［J］. Population& Environment，2013，25 (5).

Bilsborrow，R. E. ，T. M. McDevitt，S. Kossoudji，et al. The impact of origin community characteristics on ruralurban outmigration in a developing country ［J］. Demography，1987，24 (2).

Bravo Ureta，B. E. ，R. E. Quiroga，J. A. Brea. Migration decisions，agrarian structure and gender：The case of Ecuador ［J］. The Journal of Developing Areas，1996，30 (4).

Cain，M. On the relationship between land holding and fertility ［J］. Population Studies，1985，39 (1).

Dixon，G. I. J. Land and human migrations ［ J］. American Journal of

Economics and Sociology, 1950, 9 (2).

Eills, F. Household strategies and rural livelihood diversification [J]. Journal of Development Studies, 2007, 35 (1).

Gray, C. L. Environment, land and rural out migration in the Southern Ecuadorian Andes [J]. World Development, 2009, 37 (2).

Griffin, K., A. R. Khan, A. Ickowitz. Poverty and the distribution of land [J]. Journal of Agrarian Chang, 2011, 2 (3).

Haberfeld, Y., R. K. Menaria, B. B. Sahoo, etal. Seasonal migration of rural labor in India [J]. Populat ion Research and Policy Review, 2008, (18).

Holden, S., B. Shiferaw, J. Pender. Nonfarm income, househ old welfare, and sustainable land management in a less favoured Area in the Ethiopian Highlands [J]. Food Policy, 2013, 29 (4).

Kuhn, R. The logic of letting go: Family and individual migration from rural Bangladesh [Z]. Population Aging Center Working Paper P AC 2011—2013. Boulder, C O., 2011.

Kung, J. K. Off farm labor markets and the emergence of land rental markets in rural China [J]. Journal of Comparative Economics, 2011, 30 (2).

Li, H. Z., S. Zahn iser. The determinants of temporary rural to urban migration in China [J]. Urban Studies, 2011, 39 (12).

Mendola, M. Migration and technological change in rural households: Complements or substitutes?   [J]. Journal of Development Economics, 2017, 85 (12).

Potts, D. Rural mobility as a response to land shortages: The case of Malawi [J]. Population, Space and Place, 2015, 12 (4).

Quinn, M. A. Relative deprivation, wage differentials and Mexican migration [J]. Review of Development Economics, 2015, 10 (1).

Rodgers, W. M. Significance of access to land as a determinant of Kenyas interregional migration [J]. World Development, 1991, 19 (7).

Root, B. D., G. F. De Jong. Family migration in a developing country [J]. Population Studies, 1992, 45 (2).

Rozelle, S., J. E. Taylor, A. de Brauw. Migration, remittances, and agricultural productivity in China [J]. American Economic Review, 2008, 89 (2).

Rozelle, S., L. Guo, M. G. Shen, etal. Leaving Chinas farms : Survey results of new paths and remaining hurdles to rural migration [J]. China Quarterly, 2008, (158).

Shaw, R. P. Land tenure and the rural exodus in Latin America [J]. Economic Development and Cultural Change, 1974, 23 (1).

Shi, X., N. Heerink, F. Qu. Choices between different off farmemployment sub categories: An empirical analysis f or JiangxiProvince, China [J]. China Economic Review, 2016, 18 (4).

Stark, O., J. E. Taylor. Migration incentives, migration types: The role of relative deprivation [J]. The Economic Journal, 1991, 101 (408).

Taylor, J. E., A. Yunez Naude, G. Dyer. Agricultural price policy, employment and migration in a diversified rural economy: Avillagetown CGE analysis from Mexico [J]. American Journal of Agricultural Economics, 2008, 81(3).

Van Wey, L. K. Land ownership as a determinant of international and internal migration in Mexico and internal migration in Thai land [J]. The International Migration Review, 2014, 39 (1).

VanWey, L. K. Landowners hip as a determinant of temporary migration in Nang Rong, Thailand [J]. European Journal of Population, 2012, 19 (2).

Yan g, D. T. Chinas land arrangements and rural labor mobility [J]. China Economic Review, 1997, 8 (2).

Yao, Y. Egalitarian land distribution and labor migration in rural China [Z]. China Center f or Economic Research Working Paper Series, No. E 2010007, 2010.

Yao, Y. The Development of the land lease market in rural China [J]. Land Economics, 2009, 76 (2). Zhao, Y. H. Labor migration and earnings differences: The case of rural China [J]. Economic Develop ment and Cultural Change, 2008a, 47 (4).

Zhao, Y. H. Leaving the countryside: Rural to urban migration decisions in China [J]. A merican Economic Review, 2008b, 89 (2).